Deutsche Landkreise im *Portrait*
Landkreis Osterholz

Kommunikation & Wirtschaft GmbH

Herausgegeben in Zusammenarbeit mit der Kreisverwaltung
Redaktion: Marco Prietz (Leitung) und
Isabella Adam, Öffentlichkeitsarbeit des Landkreises Osterholz
Dritte, völlig neue Ausgabe 2016

Das Buch erscheint im Verlagsbereich Regionalmedien.
Alle Rechte bei Kommunikation & Wirtschaft GmbH, Oldenburg (Oldb)

Herausgegeben in Zusammenarbeit mit dem Landkreis Osterholz;
Redaktion: Marco Prietz (Leitung) und
Isabella Adam, Öffentlichkeitsarbeit des Landkreises Osterholz
Printed in Germany 2016

Das Manuskript ist Eigentum des Verlages. Alle Rechte vorbehalten.
Auswahl und Zusammenstellung urheberrechtlich geschützt. Dem Buch
liegen neben den illustrierten Autorentexten Bilder und PR-Texte der
Firmen, Verwaltungen und Verbände zugrunde, die mit ihrer finanziellen Beteiligung das Erscheinen des Bandes ermöglicht haben. Sie
sind im Anhang aufgeführt. Für die Richtigkeit der im Inhaltsverzeichnis
aufgeführten Autorenbeiträge und der PR-Seiten übernehmen Verlag
und Redaktion keine Haftung.

Bildbearbeitung:
Kommunikation & Wirtschaft GmbH, Oldenburg (Oldb)

Druck: gutenberg beuys feindruckerei, Hannover/Langenhagen

Bildnachweis: Seite 104

Bibliografische Information der Deutschen Bibliothek
Die Deutsche Bibliothek verzeichnet diese Publikation in der Deutschen
Nationalbibliografie; detaillierte bibliografische Daten sind
im Internet über http://dnb.ddb.de abrufbar.

ISBN 978-3-88363-377-0

INHALT

VORWORT

■ „Willkommen" — 6
Landrat Bernd Lütjen

EIN KREIS MIT GESCHICHTE

■ Landkreis Osterholz – ein Kreis mit Geschichte — 8
Manuela Ellmers M. A., Redakteurin/PR-Referentin

■ Ein Landkreis – sieben Kommunen — 14
Manuela Ellmers M. A.

■ Ein Kommissar legt das Moor trocken –
Findorff und die Moorbesiedlung — 22
Manuela Ellmers M. A.

■ Typisch Osterholz — 25
Manuela Ellmers M. A.

■ Mit der Eisenbahn kamen die Fabriken — 28
Manuela Ellmers M. A.

„UNSERE SCHLAUEN KÖPFE" — WIRTSCHAFTSSTANDORT OSTERHOLZ

■ Eine Einleitung: Standortvorteile, Anbindung,
Infrastruktur, Metropolregion, Branchen — 30
Stefanie Kettler, Redakteurin

■ Ein Überblick: Handel, Dienstleistungen, Handwerk,
Landwirtschaft — 38
Stefanie Kettler

■ Idee. Raum. Erfolg. – NETZ-Zentrum für innovative
Technologie Osterholz — 52
Stefanie Kettler

„UNSERE SCHLAUEN KÖPFE" — WIRTSCHAFTSSTANDORT OSTERHOLZ

■ **Breitband Kompetenz Zentrum Niedersachsen** 54
Stefanie Kettler

■ **Energiewende Osterholz 2030: Der Wandel läuft** 56
Stefanie Kettler

■ **Der Campus für lebenslanges Lernen** 60
Stefanie Kettler

■ **Bildungsstandort Bredbeck** 61
Stefanie Kettler

■ **Gemeinsam mehr erreichen – der LEADER-Ansatz** 62
Stefanie Kettler

HIER STEHT DER MENSCH IM FOKUS

■ **Gut leben im Landkreis: familienfreundlich, offen und menschlich** 64
Stefanie Kettler

■ **Musterhaus zum Wohnen mit Zukunft** 67
Stefanie Kettler

■ **Der Senioren- und Pflegestützpunkt** 68
Stefanie Kettler

■ **Breite Gesundheitsversorgung mit Niveau** 70
Stefanie Kettler

INHALT

KUNST UND KULTUR

■ Künstler früher und heute — 74
Matthias Jäger, Geschäftsführer des Worpsweder Museumsverbundes

■ Worpswede – Künstlerdorf mit starker Anziehungskraft — 76
Matthias Jäger

■ Worpswede neu entdecken! Ein Spaziergang durch das Künstlerdorf Worpswede und seine Museen — 80
Matthias Jäger

■ Lebendige Kultur – aktive Heimatpflege im Hier und Jetzt — 84
Matthias Jäger

NATUR UND TOURISMUS

■ Natur und Landschaft im Landkreis Osterholz — 86
Johannes Kleine-Büning, Leiter des Planungs- und Naturschutzamtes des Landkreises Osterholz

■ Ausflüge in eine einzigartige Kulturlandschaft — 90
Thorsten Milenz, Geschäftsführer der Touristikagentur Teufelsmoor-Worpswede-Unterweser e. V., und
Antje Breden, Stabsstelle Tourismus beim Landkreis Osterholz

■ Torfkahnschifffahrt als touristisches Highlight — 94
Thorsten Milenz und Antje Breden

■ Der Moorexpress – ein Symbol der Landschaft — 96
Thorsten Milenz und Antje Breden

■ Ausflugslokale und kulinarische Genüsse — 98
Thorsten Milenz und Antje Breden

■ Konzerte und Veranstaltungen — 100
Thorsten Milenz und Antje Breden

REGISTER

■ Verzeichnis der PR-Bildbeiträge — 102
■ Bildquellen — 104

„Willkommen"

Liebe Leserinnen und Leser,

unverwechselbar. Facettenreich. Authentisch. So präsentiert sich der Landkreis Osterholz! Mit dem vorliegenden Werk halten Sie das neue Kreisporträt in Ihren Händen. Lassen Sie sich ein auf eine kleine Entdeckungsreise durch unseren Landkreis und lernen Sie seine Stärken, Eigenarten und Geschichten besser kennen.

Der Landkreis Osterholz zählt eher zu den kleineren Landkreisen in Niedersachsen. Dennoch bietet er seinen Einwohnerinnen und Einwohnern sowie Gästen eine Lebens- und Aufenthaltsqualität, die ihresgleichen sucht. Eingebettet in eine wundervolle Landschaft mit einer an vielen Stellen unberührten Natur, sind die Rahmenbedingungen zum Leben und Arbeiten denkbar günstig. Familiär geprägte Unternehmen, die Großstadt Bremen in greifbarer Nähe und ein tolles Netz aus Vereinen und ehrenamtlichen Initiativen sind prägend für unsere Region. Qualitativ hochwertige Bildungs- und Betreuungseinrichtungen sind vor allem für Familien Pluspunkte, mit denen unsere Stadt und die Gemeinden für sich werben können.

Herausragend ist aber auch das kulturelle Angebot. Das Künstlerdorf Worpswede sticht als Leuchtturm besonders hervor und inspiriert nach wie vor viele Besucherinnen und Besucher aus nah und fern. Die Verknüpfung von Landschaft, Kunst und Kultur dient hier seit 125 Jahren als Impulsgeber für Kreative und als Quelle der Erholung für unsere Gäste. Auf der von Ritterhude über Osterholz-Scharmbeck bis Worpswede verlaufenden Hamme können Sie bei einer Torfkahnfahrt die Seele baumeln lassen und tief in die Historie der Region eintauchen.

Prägend für die Menschen und Betriebe im Landkreis Osterholz ist, dass sie sich auf dem Erreichten nicht ausruhen. Gezielt wird daher auf Innovation, Bildung und eine moderne digitale Infrastruktur gesetzt. Seit den Zeiten der Moorkolonisation waren Beharrlichkeit und Einfallsreichtum prägend für die Mentalität der hier lebenden Menschen. Sie besiedelten ein Land, das lange Zeit als unbewohnbar galt. Von diesem Pioniergeist ist bis heute viel geblieben. Die in diesem Buch enthaltenen Beiträge legen davon Zeugnis ab und spannen einen Bogen von unseren Gründervätern bis zur Gegenwart.

VORWORT

DAS Symbol für den Landkreis Osterholz – der Torfkahn

Ich lade Sie ein, die Traditionen im Landkreis Osterholz mit dem vorliegenden Werk etwas besser kennenzulernen und einen guten Überblick über die wirtschaftliche Stärke unserer Region zu erhalten. Die Fähigkeit zur Anpassung an veränderte Rahmenbedingungen ist in allen Lebensbereichen eine notwendige Voraussetzung für langfristigen Erfolg. Wir Osterholzer zeigen, dass man sich auf diesem Weg der behutsamen Veränderung jederzeit treu bleiben kann. ■

Herzliche Grüße

Bernd Lütjen
Landrat des Landkreises Osterholz

Manuela Ellmers

Landkreis Osterholz – ein Kreis mit Geschichte

Was haben die Torfkähne mit den braunen Segeln und die Bilder von Paula Modersohn-Becker gemeinsam? Sie sind ein Stück Geschichte des niedersächsischen Landkreises Osterholz und haben ihn über seine Grenzen hinaus bekannt gemacht. Paula Modersohn-Becker sogar weit hinaus: 2016 zeigte das Musée d'Art moderne de la Ville de Paris erstmals eine umfassende Einzelausstellung der Künstlerin in Frankreich. Und die Torfkähne sind das historische Wahrzeichen des Teufelsmoors, das einst eines der größten zusammenhängenden Gebiete aus Hoch- und Niedermooren in Deutschland war und noch heute ein Drittel der Fläche des Landkreises ausmacht.

Entgegen der Legende, wonach der Teufel Gott ein Stück Land stahl, um es mit Tümpeln, Nebelschwaden und Irrlichtern nach seinem Willen zu formen, lautet eine weniger prosaische Erklärung, dass es sich dabei niederdeutsch um „duves", also taubes, unfruchtbares Moor handelt. Für Paula Modersohn-Becker und viele ihrer Malerkollegen war das Teufelsmoor „ein Wunderland, ein Götterland", weshalb sie sich Ende des 19. Jahrhunderts hier ansiedelten. Seitdem sind Natur und Kunst auf einzigartige Weise miteinander verbunden und faszinieren Jahr für Jahr immer mehr Touristen, die das Kulturland besuchen.

Doch nicht nur Erholungsuchende fühlen sich hier wohl, gut 110 000 Menschen sind im Landkreis Osterholz zu Hause. Der nördliche „Speckgürtel" Bremens bietet einen leistungsstarken Wirtschaftsraum mit guter Infrastruktur und vielseitigen Gewerbebetrieben. Zum Kreis gehören die Gemeinden Grasberg, Lilienthal, Ritterhude, Schwanewede, Worpswede und die Samtgemeinde Hambergen sowie die Stadt Osterholz-Scharmbeck, die geografischer Mittelpunkt und Sitz der Kreisverwaltung ist. Woher sich der Name Osterholz ableitet, ist nicht ganz eindeutig. Chronisten zufolge könnte er mit der altgermanischen Göttin Ostara zusammenhängen, oder, und das ist die wahrscheinlichere Variante, mit der Gründung des Klosters St. Marien im Jahr 1182. Erzbischof Siegfried von Bremen wählte als Standort für das Benediktinerinnenkloster ein Waldgebiet östlich von Scharmbeck. Aus dem Wald, dem Holz im Osten, wurde im Laufe der Zeit Osterholz. Im Heimatbuch des Chronisten Johann Segelken heißt es dazu: „Wie mögen die auf ihren friedlichen Höfen wohnenden Bauern gestaunt haben, als eines Tages hier Männer aus Bremen erschienen und ihnen Anweisung gaben, den dunklen Wald an der Stelle zu lichten, wo noch jetzt die alte Klosterkirche steht." Hinweise auf ein „Dorf" Osterholz gibt es demnach nicht. Bevor die Siedlung offiziell die Bezeichnung „Flecken" bekam, wurde immer nur von „den Klosterleuten" gesprochen.

EIN KREIS MIT GESCHICHTE

Erste Siedlungen auf der Osterholzer Geest

Der geschichtliche Ursprung des Landkreises mit seinen drei Naturräumen Moor, Marsch und Geest beginnt jedoch schon einige Jahrtausende zuvor. Prähistorische Funde aus der Stein-, Bronze- und Eisenzeit belegen, dass sich die Menschen zunächst auf der Osterholzer Geest ansiedelten, wo sie vor Überflutungen geschützt waren. Spanmesser und Pfeilspitzen von Jägern und Sammlern wurden ebenso entdeckt wie Spuren eines primitiven Ackerbaus und ein riesiges Hünengrab. In einem Grabhügel aus der Bronzezeit wurden bei Straßenarbeiten sogar Bruchstücke eines germanischen Blasinstruments, einer sogenannten Lure, gefunden.

Auf die Indogermanen oder auch Chauken folgten während der Völkerwanderung die Sachsen, die im achten Jahrhundert nach Christus von Karl dem Großen niedergeworfen wurden. Vermutlich in diese Zeit der Christianisierung fällt auch die Gründung einiger Bauernhöfe am hohen Geestrand, die den Ursprung des Dorfes Scharmbeck markieren. „Die Erzbischöfe von Bremen erkannten recht bald die liebliche Lage Scharmbecks", schreibt Johann Segelken. „Sie besaßen hier bereits im zehnten Jahrhun-

Die Klosterkirche St. Marien in Osterholz-Scharmbeck: Sie wurde im 12. Jahrhundert als Basilika im romanischen Stil errichtet.

1309 wurde das von Martin von der Hude mit einer schiffbaren Verbindung zur Hamme erbaute Dammgut Ritterhude erstmalig erwähnt. Der Bremer Bürgermeister und Kaufmann Dr. jur. Georg Grönig erwarb es 1776 als Sommersitz für seine Famlie, die es bis heute bewohnt.

dert einen erzbischöflichen Hof, zu dem bald große Besitzungen in weiter Umgebung gehörten. Auf diesem, wahrscheinlich im heutigen Sandbeck gelegenen Sitz, weilten die Erzbischöfe sommertags gern."

Die Lehnsherren dieses Hofs übten die Verwaltung und die Gerichtsbarkeit aus, bis das Erzbistum Bremen zur Sicherung seiner Ländereien einen Ring von Klöstern rund um die Stadt legte und Scharmbeck diese Aufgaben an den Klosterort Osterholz verlor. Im benachbarten Lilienthal ließ Erzbischof Gerhard II. ein Zisterzienserinnenkloster bauen. Scharmbeck selbst wird als Scirnbeci und später auch als Schermbecke erstmals 1043 erwähnt. „Nach Verlauf des Winters wanderte, da das Osterfest schon nahe war, der glückseligste Bezelin (Erzbischof Alebrand) am 3. April – ich glaube nicht ohne Vorahnung seiner baldigen Abberufung – von der Kirche Scirnbeci barfuss nach Bremen", berichtet der zeitgenössische Kleriker und Chronist Adam von Bremen. Tatsächlich starb der Erzbischof einige Tage danach.

Obwohl überliefert ist, dass schon etwa ab 1000 vor Christus auch die Nassgebiete der Vor- und Randmoore durch Knüppelwege als Weideflächen erschlossen wurden, konnten die Marsch- und Moorgebiete erst sehr viel später besiedelt werden. Die Menschen bauten hier ihre Wohnstätten zum Schutz vor den häufigen Überflutungen auf künstlich erhöhte Wohnplätze. Die ältesten dieser sogenannten Wurten wurden im 12. Jahrhundert nach Christus im Bereich der Wümmemarsch angelegt.

Das damalige Leben der bäuerlichen Bewohner wurde stark von den des Lesens und Schreibens kundigen Ordensleuten beeinflusst. So ist es kein Wunder, dass im 13. Jahrhundert, ausgehend von den Klöstern in Osterholz und Lilienthal, die Kolonisation des Teufelsmoors begann. Eine großflächig geplante Kultivierung und Besiedlung erfolgte aber erst im Zuge der Kurhannoverschen Moorkolonisation im 18. und 19. Jahrhundert.

Auch die Ritterschaft war im heutigen Landkreis Osterholz stark vertreten. Ihre bis heute erhaltenen Lehnsgüter lagen in Scharmbeck, Schwanewede, Meyenburg und Ritterhude. Nachdem die Kirche bereits unter Otto dem Großen auch weltliche Macht bekommen hatte, erließen die Erzbischöfe von Bremen 1397 eine „Heerfolge" für das Gebiet. Das bedeutete die Pflicht, Kriegs- und Waffendienste für den Lehnsherrn zu leisten. Ein Beispiel dafür findet sich in einer Akte des Bremischen Staatsarchivs von 1551. Demnach wurde am 17. April beschlossen, dass die Adeligen „von Sandbecke" zwei Ritter und die Hausleute 40 Kämpfer zu Fuß stellen mussten.

EIN KREIS MIT GESCHICHTE

Als nach dem Ende des Dreißigjährigen Kriegs 1648 die Klöster Osterholz und Lilienthal unter den Schweden verweltlicht wurden, wurde der Adel unabhängig von Bremen. Die Bauern bewirtschafteten ihr Land als Pächter weiter und erlangten erst sehr viel später das Eigentum an ihren Höfen. Eine Blütezeit begann für die Tuchmacher. Heerestuchlieferungen an das schwedische Militär – und später auch an Hannover – brachten ihnen neben Arbeit und Brot auch Ansehen. Hatten es die Menschen schon in vorchristlicher Zeit verstanden, Garn zu spinnen und Wolle zu weben, so verwundert es nicht, dass jahrhundertelang große Schafherden auf der Osterholzer Geest gehütet wurden. Anfang des 18. Jahrhunderts arbeiteten mehr als 700 Bewohner im Scharmbecker Tuchmacherhandwerk. Die Zunft wurde 1903 aufgelöst. Waren das Kloster Osterholz wie auch das benachbarte Kloster Lilienthal Teil des Erzstifts Bremen gewesen, gingen nach der Säkularisierung aus beiden Klöstern Ämter hervor, die ab 1719 im Kurfürstentum Hannover offizielle politische Gemeinden wurden. Ab 1823 waren das Amt Osterholz und das Amt Lilienthal Bestandteil der Landdrostei Stade im Königreich Hannover.

Die Hamme von oben – ein verbindendes Element im Landkreis Osterholz sind die Wasserwege.

Geburtsstunde des Landkreises im Jahr 1885

Im Jahr 1885 schlägt dann die verwaltungstechnische Geburtsstunde des Kreises Osterholz, der durch die Einführung der Preußischen Kreisordnung aus den Ämtern Osterholz und Lilienthal geschaffen wurde. Seine heutigen Grenzen erhielt der Landkreis nach Gebietsreformen 1932 und 1939 endgültig in 1974. War bei der ersten Reform der ehemalige Kreis Blumenthal eingemeindet worden, so ging sieben Jahre später ein Großteil der Bewohner wieder verloren, als Aumund, Blumenthal, Farge, Grohn, Lesum und Schönebeck an Bremen abgegeben werden mussten. 1974 wurden die Gemeinden Axstedt und Lübberstedt aus dem damaligen Landkreis Wesermünde sowie die Weserinsel Harriersand eingegliedert. Seitdem gehört eine der längsten Flussinseln Deutschlands zum Landkreis Osterholz, der landschaftlich drei Naturräume vereint: die wellige, bewaldete Geest im Zentrum, im östlichen Teil das Teufelsmoor und im westlichen Teil entlang der Weser die Marsch. Sein verbindendes Element sind die Wasserwege. Geografisch grenzt der Kreis vor den Toren der Hansestadt Bremen im Norden an den Landkreis Cuxhaven, im Osten an den Landkreis Rotenburg (Wümme) und im Südosten an den Landkreis Verden. Seine natürliche Grenze bildet im Westen die Weser mit dem sich anschließenden Landkreis Wesermarsch.

Mit rund 650 Quadratkilometern zählt der Landkreis Osterholz flächenmäßig zu den kleineren Landkreisen in Niedersachsen. Mit etwa 175 Einwohnern pro Quadratkilometer ist er jedoch einer der am dichtesten besiedelten. Das liegt vor allem an den südlichen, eher städtisch geprägten Gebieten in unmittelbarer Nachbarschaft zu Bremen, während der Norden und Osten dagegen überwiegend ländlich ist. Besondere Bedeutung für die Siedlungs- und Kulturgeschichte des Landkreises hat Worpswede, wo sich vor mehr als 100 Jahren die historische Künstlerkolonie gründete. Hier finden sich auf engem Raum sowohl traditionelle ländliche Bauweise als auch expressionistische Backsteinarchitektur. Die Wirtschaftsstruktur des Landkreises wird bestimmt durch mittelständische und kleine Betriebe, in den stadtferneren Gebieten durch die Landwirtschaft. Die Arbeitslosenquote gehört zu den niedrigsten in Niedersachsen, was jedoch weniger mit dem eigenen Arbeitsplatzangebot als viel mehr mit dem Arbeitsmarkt in Bremen zu tun hat. Dafür kann der Kreis mit ansprechenden Wohngebieten in einer reizvollen Landschaft und einem reichen kulturellen Leben punkten. Seine Lage an den Hauptverkehrsachsen der Bundesstraße 74 und der Autobahn 27 ist für Pendler und Besucher gleichermaßen günstig. Eine Alternative zum eigenen Pkw stellen insbesondere die Bahnstrecke Bremen–Bremerhaven und in Lilienthal die Straßenbahnlinie 4 dar.

In seiner jüngeren Geschichte stand der Kreis häufiger im Fokus überregionaler wirtschaftlicher und politischer Interessen. So verhinderten Bürgerproteste in den 1970er-Jahren erfolgreich einen geplanten Bombenabwurfplatz der NATO im Teufelsmoor und vereitelten ebenso einen großen Freizeitpark mit künstlich angelegtem See im Moor. Ab 1978 bis zur Wiedervereinigung waren im Osterholz-Scharmbecker Stadtteil Garlstedt US-amerikanische Soldaten stationiert, die während des Kalten Krieges einen möglichen militärischen Vorstoß des damaligen Warschauer Pakts durch die norddeutsche Tiefebene abwehren sollten. In der Lucius-D.-Clay-Kaserne ist heute die Logistikschule der Bundeswehr untergebracht.

Kreis mit Zukunft

Obwohl der Landkreis seine Traditionen und die Geschichte pflegt, hat er gleichzeitig die Zukunft im Blick. So ist im NETZ-Zentrum für innovative Technologien seit 2008 gleichzeitig auch das niedersächsische Breitband Kompetenz Zentrum angesiedelt, das den Anschluss insbesondere der ländlichen Räume an die schnellen Datenautobahnen entwickeln soll. Der Kreis selbst belegt aktuell unter den 38 Landkreisen in Niedersachsen einen Spitzenplatz bei der Versorgung mit breitbandigen Internetverbindungen. Dies ist ein bedeutender Standortfaktor und durchaus auch ein wichtiger Wettbewerbsvorteil.

Ebenso zukunftsweisend ist der Schutz der herb-schönen Landschaft, um die ökologisch wertvollen und historisch bedeutsamen Gebiete nachhaltig weiterzuentwickeln.

EIN KREIS MIT GESCHICHTE

Die Lucius-D.-Clay-Kaserne in Garlstedt: Hier ist heute die Logistikschule der Bundeswehr untergebracht.

Hier sticht besonders das gesamtstaatlich repräsentative Naturschutzgroßprojekt „Hammeniederung" heraus. Die Hammeniederung, ein Teil des Teufelsmoors, ist eines der bedeutendsten Feuchtgebiete Nordwestdeutschlands. Das in den vergangenen Jahren zwischen Osterholz-Scharmbeck, Worpswede und Ritterhude auf einer Fläche von 2780 Hektar durchgeführte Projekt soll den Lebensraum zahlreicher bestandsgefährdeter Pflanzen- und Tierarten sichern. Zur Verdeutlichung: Die Größe entspricht in etwa 3900 Fußballfeldern. Beeindruckend sind auch diese Zahlen: 16,5 Prozent des Kreisgebiets gehören zum europäischen Schutzgebietsystem „Natura 2000", 3,4 Prozent sind als Naturschutzgebiete und 17,4 Prozent als Landschaftsschutzgebiete ausgewiesen.

Der Schutz der Natur trägt nicht nur zu einem positiven Image, sondern auch maßgeblich zum sanften Tourismus bei. Überhaupt wird im Tourismus noch Wachstumspotenzial gesehen. Aus diesem Grund wurden beispielsweise in den vergangenen Jahren vier der fünf großen Worpsweder Museen aufwendig saniert und den heutigen Erfordernissen hochwertiger Ausstellungen angepasst. Laut Statistik besuchten im Jahr 2015 knapp 60 000 Menschen den Landkreis Osterholz. Bei einer durchschnittlichen Aufenthaltsdauer von 2,6 Tagen wurden insgesamt fast 151 000 Übernachtungen gezählt. Die Zahl der Tagesreisen ist deutlich höher: Sie liegt jährlich bei gut zwei Millionen. Im Rahmen des Tourismuskonzepts 2020 werden die Weichen für eine nachhaltige Weiterentwicklung gestellt. So dürfte der Landkreis Osterholz auch künftig für Erholungsuchende und Kunstinteressierte ein „Wunderland" bleiben. ∎

Manuela Ellmers

Ein Landkreis – sieben Kommunen

Osterholz-Scharmbeck – gewachsene Kreisstadt

Jahrhundertelang haben sie nebeneinander existiert, 1927 wurden die Flecken Scharmbeck und Osterholz vereint. Zwei Jahre später erhielt Osterholz-Scharmbeck das Stadtrecht. Im Laufe der Jahre hat sich Osterholz-Scharmbeck zu einer modernen Kreisstadt mit über 30 000 Einwohnern entwickelt, ohne die eigenen Wurzeln zu vergessen. Eine schnelle Verkehrsanbindung, eine gute Infrastruktur vor Ort mit mannigfachen Einkaufsmöglichkeiten, eine bemerkenswerte Vielfalt an Vereinen, Veranstaltungen und Freizeitangeboten inmitten des Teufelsmoores, umgeben von Wäldern und Wiesen – das bietet Osterholz-Scharmbeck. Mit dem neu entwickelten Rahmenplan Innenstadt wird eine moderne Stadtentwicklung vorangebracht. Hinzu kommt ein zukunftsorientiertes Bildungsangebot, an dem die Stadt seit vielen Jahren kontinuierlich und erfolgreich arbeitet. Für die Vereinbarkeit von Familie und Beruf sorgt ein breites Betreuungsangebot, das bereits im Kleinkindalter einsetzt. Der Landkreis betreibt zudem in der Stadt ein modernes Krankenhaus.

Der Verbindung von Tradition und Erneuerung begegnet man hier auf Schritt und Tritt. Historisch wertvolle Gebäude wie beispielsweise die Benediktinerinnen-Klosterkirche aus dem 12. Jahrhundert oder die Wind- oder Wassermühlen werden erhalten und restauriert. Die Museumsanlage mit dem Norddeutschen Vogelmuseum beherbergt eine einzigartige Vogelsammlung von europäischer Bedeutung. Spuren der Vergangenheit werden auch in der St. Willehadi-Kirche am Marktplatz sichtbar. Sie verfügt über eine Bielfeldt-Orgel und das alte Taufbecken soll zwischenzeitlich sogar als Viehtränke gedient haben. Einen wahren Schatz besitzt die Stadt mit Gut Sandbeck. Das 1575 im Stil der Weserrenaissance erbaute Herrenhaus am idyllischen Scharmbecker Bach bildet heute die Kulisse für Kunstausstellungen, Theaterabende oder Trauungen und beherbergt die Kreismusikschule.

Stimmungsvolle Atmosphäre: eine Kulturveranstaltung auf Gut Sandbeck

Fortsetzung Seite 17

EIN KREIS MIT GESCHICHTE

Kreissparkasse Osterholz

Die Kreissparkasse Osterholz ist das größte Kreditinstitut im Landkreis. Mit ihren Geschäftsstellen und SB-Geschäftsstellen ist sie immer nah am Kunden und steht neben Sicherheit für Vertrauen und qualifizierte Beratung.

Mit einer Bilanzsumme von ca. 1,2 Mrd. Euro ist die Kreissparkasse Osterholz ein starker Partner und wichtiger Wirtschaftsfaktor.

Auch die regionale Wirtschaft profitiert von ihr. Denn ihre Berater aus dem Firmen- und Geschäftskundenbereich kennen die Region besonders gut. Wichtige Entscheidungen werden schnell und direkt vor Ort getroffen.

Zum Beispiel über die Vergabe von Krediten oder die Unterstützung von Existenzgründern. Bei der Sparkasse steht der Mensch im Mittelpunkt. Und für jede Phase des Lebens gibt es hier die richtigen Angebote. Vom ersten Konto über die Finanzierung der eigenen vier Wände bis zur richtigen Altersvorsorge.

Die Sparkasse ist zudem einer der wichtigsten Ausbildungsbetriebe der Region. Jedes Jahr beginnen hier junge Menschen den Start ins Berufsleben.

Weiterhin engagiert sie sich auch für das Gemeinwohl, die Region und die Menschen, die hier leben, sowie für die Kultur. So unterstützt sie im Landkreis beispielsweise zahlreiche Veranstaltungen.

Sehr vielfältige Aktivitäten entwickelt sie im Jugendbereich mit eigenen Veranstaltungen für junge Kunden und in der von ihr gegründeten Jugendstiftung, die viele Projekte im Landkreis unterstützt. Viele Vereine und Initiativen im Bereich Sport, Kultur und soziale Projekte werden regelmäßig von der Kreissparkasse gefördert. Durch Spenden und Sponsoring werden so wichtige Aktivitäten oft erst möglich.

Auf einen Blick
Gründungsjahr: 1859
Mitarbeiter: 338

Rund ums Konto
– Girokonto
– Sparkassen-Kreditkarte
– Dispositionskredit

Sparen und Anlegen
– Sparkassenbuch
– Sparen+Gewinnen
– LBS-Bausparen
– Börseninformationen
– Deka-Vermögenskonzept
– Riester-Rente
– VGH-Versicherungen

Finanzieren
– Sparkassen-Baufinanzierung
– Sparkassen-Privatkredit
– Sparkassen-Autokredit

Services
– Service-Center
– Sicherheit im Internet
– Online-Banking
– Kundenveranstaltungen
– Ausbildung und Karriere

Geschäfts-/SB-Geschäftsstellen: 49
SparkassenMobil: 1
Bilanzsumme: 1,2 Mrd. Euro

www.kreissparkasse-osterholz.de

Auf einen Blick
Gründungsjahr: 1906
Mitarbeiter: ca. 250

Standorte im Landkreis Osterholz:
– Falkenberg
– Grasberg
– Hambergen
– Heilshorn
– Lilienthal
– Neuenkirchen
– Osterholz
– Osterholz-Scharmbeck
– Pennigbüttel
– Vollersode

sowie 10 weitere Niederlassungen und Geschäftsstellen im Altkreis Bremervörde

Volksbank eG – aus der Region für die Region

Für die Menschen der Region sind die Volksbank-Mitarbeiter nicht nur Banker, sondern auch Nachbarn und Vertraute. Sie interessieren sich für den Menschen und beraten Kunden gewissenhaft und auf Augenhöhe. Sie sind gerne in der Region aktiv, weil sie dort verwurzelt sind. Und so wird die Volksbank auch als Arbeitgeber wahrgenommen. Mitarbeiter als auch Kunden werden gleichermaßen geschätzt.

Offene und freundliche Gesprächsatmosphäre in der neuen Kundenhalle

www.vbohz.de

Leistungsspektrum:
Sparen und Geldanlage
Konto und Karten
Kredit und Baufinanzierung
Immobilien
Versicherungen
Vorsorge

Kurz gesagt: Die Volksbank ist gut in der Region vernetzt und die Mitarbeiter haben Freude daran, sich für die Menschen hier einzusetzen. Kundennah, selbstbewusst und zukunftsweisend: Diese Grundsätze der Volksbank eG verkörpert auch die Neugestaltung der Niederlassung im Zentrum der Kreisstadt. Die Architektur und das Gebäudekonzept setzen für die Kunden und Mitarbeiter neue Maßstäbe. Die Steigerung der Energieeffizienz ist ein weiteres Ziel und ein Beitrag zur regionalen Energiewende. Neue kundenfreundliche Eingänge, eine neue Kundenhalle, Aufzüge für Kunden und Mitarbeiter, eine neue Infrastruktur, mehr Arbeits- und Besprechungsräume und mehr Parkplätze: All diese Maßnahmen fördern auch die Kundennähe, die Zufriedenheit der Kunden und die Qualität der Beratung. Mit diesen Tugenden sind das Kreditinstitut und seine 20 Geschäftsstellen im Landkreis Osterholz und im Altkreis Bremervörde fest verwurzelt.

Auch gesellschaftliches Engagement ist der Volksbank wichtig. Deshalb verbindet sie wirtschaftlichen Erfolg mit gesellschaftlich verantwortlichem Handeln. Sie fördert die Region und die Menschen und übernimmt Verantwortung zum Beispiel im Rahmen der Kinder- und Jugendarbeit, für Bildung und Ausbildung sowie für vielfältige soziale Belange. ∎

Zukunftsweisende Architektur im Herzen der Kreisstadt

EIN KREIS MIT GESCHICHTE

Der Findorff-Hof – eine bäuerliche Hofanlage, wie sie in den Moordörfern typisch war, die heute besichtigt werden kann.

Grasberg – auf den Spuren von Jürgen Christian Findorff

Grasberg ist eine kleine, aber lebendige Gemeinde im Landkreis Osterholz, eingebettet in eine schöne Landschaft am Rande des Teufelsmoores. Ihre Entstehung ist eng mit dem Moorkommissar Jürgen Christian Findorff verknüpft, dessen Name noch überall zu finden ist. So entwarf Findorff vor mehr als 200 Jahren die Kirche, die auf einer begrünten Erderhebung im Moor, dem Grasberg, gebaut wurde. Die Findorff-Kirche ist heutzutage über Grasbergs Grenzen hinaus wegen ihrer Arp-Schnitger-Orgel berühmt. Davon existieren in Nordeuropa schätzungsweise nur noch 30 Instrumente.

Hier ergänzen sich zudem Naherholung, vielfältige Vereinsangebote und eine gute Infrastruktur im Herzen der Gemeinde zu hoher Wohnqualität. Bemerkenswert ist auch das große ehrenamtliche Engagement der Bürger in vielen Vereinen und Institutionen für Sport und Freizeit, Gemeinschaft, Kultur und Traditionspflege. So lassen sich schnell neue Kontakte knüpfen und pflegen – dies gilt für alle Generationen.

Typisch für Grasberg ist auch die Findorff'sche-Siedlungsstruktur aus der Zeit der Kurhannoverschen Moorkolonisation mit den schnurgeraden Birkenalleen, die sich an Kanälen und Gräben entlangziehen. Darüber hinaus gibt es in der Gemeinde Grasberg eine alte bäuerliche Hofanlage, die nach dem Moorkommissar benannt wurde. Auf dem musealen Findorff-Hof wurden verschiedene Fachwerkgebäude vom Bauernhaus bis zum Bleicherhäuschen errichtet, die nach Absprache besichtigt werden können. Für Besucher ist Grasberg auf der „Künstler-Route Worpswede–Fischerhude" ein idealer Ausgangspunkt für Ausflüge oder Radwanderungen in der Region Teufelsmoor.

Duftend und lecker – Brot auf traditionelle Art im Steinbackofen gebacken – präsentiert vom Heimatverein während der jährlichen Handwerkertage an der Museumsanlage Moorkate in Ströhe-Spreddig

Hambergen – dörfliches Vereinsleben

Ein reges Vereinsleben prägt die Samtgemeinde Hambergen im Norden des Kreises. Seit 1974 besteht sie aus den Gemeinden Axstedt, Hambergen, Holste, Lübberstedt und Vollersode und wurde nach der einwohnerstärksten Gemeinde benannt. Ob es um die Pflege der Traditionen, das gesellschaftliche Leben oder um sportliche Leistungen geht, hier wird Gemeinschaft großgeschrieben. Nur so war beispielsweise in Ströhe der Bau einer Moorkate nach historischem Vorbild und eines Museums möglich, das Einblicke in das karge Leben der Moorbauern erlaubt. Die knapp 12 000 Einwohner zählende Samtgemeinde hat ihren dörflichen Charakter bis heute bewahrt. Die Bedeutung der Landwirtschaft nimmt zwar allmählich ab, sie bleibt dennoch ein wichtiger Bestandteil der Kulturlandschaft. Über zehn Prozent des Samtgemeindegebiets stehen unter Landschafts- und Naturschutz. Das wissen viele Neubürger zu schätzen, die ein natürliches Wohnumfeld am Rande des Teufelsmoors suchen. Die Naturlandschaft ist von Geestkuppen, Wallhecken, tiefen Wäldern sowie weiten Fluss- und Moorgebieten geprägt. Wander- und Radwanderwege sorgen für Erholung vom Alltagsstress.

Auch wenn sich kaum Industrie angesiedelt hat, gibt es in Hambergen ein gut erschlossenes Gewerbegebiet, das nicht nur für die Entwicklung örtlicher Betriebe Flächen zur Verfügung stellt. Mit den Bahnhöfen Hambergen-Oldenbüttel und Lübberstedt an der Bahnstrecke Bremen–Bremerhaven sowie der Bundesstraße 74, die dem jahrhundertealten Verlauf der Heeres- und Handelsstraße von Bremen über Stade nach Hamburg folgt, ist die Samtgemeinde sehr gut in das regionale Verkehrsnetz eingebunden.

EIN KREIS MIT GESCHICHTE

Lilienthal – eine Gemeinde guckt in die Sterne

Lilienthal ist heute auf keiner astronomischen „Landkarte" zu finden, doch Anfang des 19. Jahrhunderts beherbergte es die größte Sternwarte auf dem europäischen Kontinent. Errichtet hatte sie der Amtmann und Astronom Johann Hieronymus Schroeter. Schroeter gründete unter Beteiligung namhafter Astronomen im September 1800 in Lilienthal die weltweit erste „Astronomische Gesellschaft". Ihr Ziel war es, einen zwischen Mars und Jupiter vermuteten Planeten zu finden. Tatsächlich wurde von Lilienthal aus der Kleinplanet Juno entdeckt.

Heute hat sich die zwischen den Flüssen Wümme, Hamme und Wörpe liegende Gemeinde in unmittelbarer Nachbarschaft zur Großstadt Bremen zu einem begehrten Wohnort für gut 20 000 Menschen entwickelt. Ein Bummel durch den historischen Ortskern führt zur Klosterkirche St. Marien. Sie stammt noch aus der Zeit der Klostergründung. Das Zisterzienserinnenkloster „vallis lilliorum" (Tal der Lilien) ist Namensgeber der Gemeinde. Eine vielfältige Wirtschaftsstruktur mit vielen mittelständischen Unternehmen sowie ein buntes Freizeit- und Kulturangebot kennzeichnen das Leben in dem beliebten, von weiten Wiesen umgebenen Naherholungsgebiet.

Ein jüngst eröffneter Nachbau des 27-Fuß-Spiegelteleskops von 1793 soll den Astronomiestandort Lilienthal wiederbeleben. Die originalgetreue Replik des Spiegelteleskops mit einer Brennweite von rund 7,85 Metern steht, von Bremen aus kommend, am Ortseingang der Gemeinde. Zu beobachten sind damit hauptsächlich Sonne, Mond und die Planeten unseres Sonnensystems. Das rund 600 000 Euro teure TELESCOPIUM wurde aus Spenden finanziert.

Ritterhude – ein amerikanischer Traum wird wahr

Sechs denkmalgeschützte Backsteingebäude im Ortskern der Gemeinde Ritterhude belegen eindrucksvoll, dass der amerikanische Traum für Hermann Hinrich und

Lilienthal ist mit seinem TELESCOPIUM – ein Nachbau eines Spiegelteleskops aus dem Jahr 1793 – Anziehungspunkt für Astronomie-Fans.

Von den Brüdern Ries gestiftet und denkmalgeschützt: das Rathaus der Gemeinde Ritterhude

Johann Friedrich Ries wahr geworden ist. So stifteten die in Ritterhude geborenen Brüder in den Jahren 1912 bis 1931 das Rathaus, die Riesschule, die Riesturnhalle, die alte Apotheke und die alte Post. Außerdem schenkten sie der Kirchengemeinde das Pfarrhaus und der Gemeinde 430 Morgen Wiesenland im Wert von damals 1,5 Mio. Reichsmark für die Unterhaltung ihrer Stiftung. Ihr Vermögen hatten die Ries-Brüder in New York gemacht, nachdem sie Ende des 19. Jahrhunderts nach Amerika ausgewandert waren. Die Gemeinde ernannte ihre großzügigen Söhne zum Dank zu Ehrenbürgern.

Flächenmäßig ist Ritterhude die kleinste Gemeinde des Landkreises Osterholz. Auf rund 33 Quadratkilometern leben hier gut 14 000 Menschen. 25 Prozent der Fläche ist als Landschaftsschutzgebiet ausgewiesen. Die Nähe zu Bremen begünstigt eine starke Gewerbestruktur. Der Ortsname geht auf die Ritter von Hude zurück. Anfang des 14. Jahrhunderts wurde zum ersten Mal von einer Burg an der Stelle des heutigen Dammguts berichtet. Das Gut steht unter Denkmalschutz, ebenso wie die Ritterhuder Schleuse, das „Tor zum Teufelsmoor". Eine Besonderheit findet sich auf den Ortseingangstafeln: Ritterhude darf als eine von wenigen niedersächsischen Gemeinden den plattdeutschen Ortsnamen „Hu'e" offiziell auf den Schildern führen.

Schwanewede – Sonnenbaden auf einer der längsten Flussinseln Deutschlands

Reizvolle Inseln liegen nicht nur im Meer, sie finden sich auch in Flüssen. Die Weserinsel Harriersand in der Gemeinde Schwanewede ist eine der längsten Flussinseln Deutschlands. Stellenweise nur 500 Meter breit, erstreckt sie sich auf einer Länge von elf Kilometern. Über die Insel führt eine einzige Straße, die gleichermaßen von Bewohnern und Ausflüglern genutzt wird. Vom Strand aus lassen sich gut die vorbeifahrenden „dicken Pötte" sowie Binnenschiffe, Ausflugsdampfer und Sportboote von und nach Bremen und Bremerhaven beobachten. Eine Brücke verbindet Harriersand mit dem kleinen Ort Rade auf dem Festland. Die Flussinsel ist vor fast 100 Jahren infolge der Weservertiefung entstanden.

Überhaupt zeigt sich die Gemeinde Schwanewede mit ihren rund 20 000 Einwohnern landschaftlich überaus vielfältig. Es gibt Marsch, Geest, Heide und Moor und die Heckenlandschaft der „Bremer Schweiz", wie

Die Gemeinde Schwanewede hat nicht nur die Flussinsel Harriersand zu bieten, sondern auch modern ausgestattete Kindertagesstätten und Schulen.

EIN KREIS MIT GESCHICHTE

ein hügeliger Landstrich mit lichten Auwäldern und prunkvollen Landsitzen im Grenzgebiet zwischen dem Landkreis Osterholz und Bremen-Nord genannt wird. Dazu viele kulturgeschichtliche Kleinode wie Mühlen, Kirchen, reetgedeckte Fachwerkhäuser und Großsteingräber. In der Ortschaft Meyenburg zeugt eine in Privatbesitz befindliche Wasserburg von früherer Ritterschaft. Zu Beginn des 13. Jahrhunderts erstmals urkundlich erwähnt, legt die Gemeinde heutzutage besonderen Wert auf eine moderne Ausstattung von Kindertagesstätten und Schulen sowie auf ein breites Wohn- und Freizeitangebot für alle Generationen.

Worpswede – nicht nur für Künstler eine „ungeheuer reizvolle Gegend"

Im Sommer 1889 fassten die Maler Fritz Mackensen, Otto Modersohn und Hans am Ende den Entschluss, sich in dem bis dahin völlig unbekannten Bauerndorf Worpswede – rund 25 Kilometer von Bremen entfernt – niederzulassen. Hier wollten sie als Künstlergemeinschaft ihren Traum verwirklichen: Sie wollten in der „ungeheuer reizvollen Gegend" (Mackensen) von der Natur lernen. Schon bald machten die Worpsweder Maler mit ihren Bildern Furore und begründeten so den Ruhm der Künstlerkolonie. Das Dorf im Teufelsmoor ist bis heute ein lebendiger Künstlerort geblieben und Anziehungspunkt für viele Tausend Gäste aus der ganzen Welt.

So vereint die Gemeinde Worpswede mit ihren Ortschaften und den annähernd 10 000 Einwohnern dörfliche Tradition und künstlerische Experimentierfreude. Handwerk und Dienstleistungen stehen hier unzähligen Galerien und Ateliers gegenüber. In einer Urkunde aus dem 13. Jahrhundert wird Worpswede, was wohl so viel wie bewaldeter Hügel bedeutet, zum ersten Mal erwähnt – gefundene Siedlungsspuren reichen jedoch sehr viel weiter zurück. Das Dorf liegt am Weyerberg, der mit knapp über 50 Metern aus der weiten Hammeniederung herausragt und die höchste Erhebung des Landkreises Osterholz darstellt. Tatsächlich am Ende der Eiszeit entstanden, ranken sich verschiedene Legenden um seine Entstehung. So soll der Riese Hüklüt, während er im Moor versank, seine mit Sand gefüllte Schürze nach dem Fischer Dietrich geschleudert haben, der ihn dort hineingelockt hatte. ■

Das Worpsweder Rathaus – die Gemeinde verbindet dörfliche Tradition und künstlerische Experimentierfreude.

Manuela Ellmers

Ein Kommissar legt das Moor trocken – Findorff und die Moorbesiedlung

„Jan von Moor" trägt ein blau-weiß gestreiftes Leinenhemd, dunkle Tuchhosen sowie strohgefütterte Holzschuhe an den Füßen. Sein Gesicht unter der flachen Schiffermütze ist von Torfstaub geschwärzt, sein Rücken ist von harter Arbeit gekrümmt. Diese Figur ist jedoch der Romantik geschuldet, denn einen bestimmten „Jan von Moor" hat es nicht gegeben. Der Name ist ganz einfach die allgemeine Bezeichnung für den Moorbauern des Teufelsmoors. Dieses sagenumwobene Gebiet, das unwillkürlich Bilder von schmatzenden Sümpfen und schwankenden Torfmoosflächen heraufbeschwört, ist etwa 8000 Jahre alt. Dabei entwickelten sich nach der letzten Eiszeit, als der Meeresspiegel stieg und es in der norddeutschen Tiefebene zu erhöhtem Niederschlag kam, in den flussnahen Ebenen Niedermoore und in den flussferneren Gebieten Hochmoore, in denen jegliche Vegetation vermoderte und ein Leben für Mensch oder Tier unmöglich war. Erst viel später, nachdem die höher gelegenen Hochmoore am Rande der Geest abgetrocknet waren, machten sich die Bauern daran, diese angrenzenden Moore urbar und landwirtschaftlich nutzbar zu machen. Sie züchteten Rinder und stachen auch schon den schwarzen Torf ab, den sie verkauften. Diese Torfart, auch „Backtorf" genannt, besteht aus vermodertem Holz und Heidekraut und verbrennt mit geringer Rauchentwicklung, weshalb er sich gut zum Heizen, Kochen, aber auch zum Schmieden von Eisen oder Brennen von Klinkersteinen eignete.

Unter dem Einfluss der Klöster Osterholz und Lilienthal gründeten sich erste Dörfer. Eines der ältesten in der Niederung ist das Dorf Teufelsmoor, das lange vor der staatlichen Moorkolonisation unter Moorkommissar Jürgen Christian Findorff entstand. Die Moorkolonisation, ein Projekt des Kurfürsten von Hannover zur Trockenlegung und Besiedlung der Moore zwischen Hamme und Wümme, begann vor gut 250 Jahren. Findorff legte in den Bereichen, die nicht von den Moorrandbauern beansprucht wurden, systematisch Dörfer und Gräben an, förderte den Bau von Entwässerungskanälen und führte sie in schiffbare Kanäle zusammen. Gleichzeitig verpflichtete der Moorkommissar die Siedler, die er selbst ausgewählt hatte – „Säufer, Prozessgänger und Arbeitsscheue" hatten keine Chance –, die Kanäle zu pflegen und zu unterhalten. Die Kolonisten, aber auch einige kleine Werften, bauten daraufhin Torfkähne und nutzten die Kanäle als Verkehrsnetz, denn auch die Landwege mussten erst noch erschlossen werden. In der ehemaligen Torfschiffswerft Schlußdorf, die heute ein Museum ist, wurden zwischen 1850 und 1954 über 600 Torfschiffe gefertigt. Eines davon ist im Originalzustand erhalten.

EIN KREIS MIT GESCHICHTE

Der Torfabbau im Teufelsmoor ging oft bis dicht an die Höfe heran. Die ganze Familie half bei der Arbeit.

Für die Kolonisten, später Moorbauern genannt, wurde die Torfgewinnung zum wichtigsten Broterwerb. Den ganzen Mai über stachen sie Torf, schichteten die Soden anschließend zum Trocknen auf und brachten den begehrten Brennstoff im Spätsommer und Herbst mit ihren Torfkähnen ins rund 25 Kilometer entfernte Bremen. Damals hatten die schwarzen Boote mit den geteerten Segeln noch keinen Motor, sodass sie bei Windstille entweder gestakt oder getreidelt werden mussten. Eine Aufgabe, die häufig den Frauen zufiel. Die Fahrt hin und zurück dauerte auf diese Weise drei Tage.

Vom 19. bis ins 20. Jahrhundert hinein verkauften die Moorbauern ihren Torf im Bremer Findorff-Hafen. Das wichtigste Handelsgut des Landkreises diente den Stadtbewohnern und der aufkeimenden Industrie als Heizmaterial, bis die Steinkohle den „Backtorf" verdrängte. Auch das Kreiswappen zeigt den Torfkahn und den Bremer Schlüssel. Die Menschen, die den Mut hatten, sich im Teufelsmoor anzusiedeln, waren in erster Linie Knechte oder nachgeborene Bauernsöhne aus den umliegenden Geest-

Zeuge der Geschichte: altes Bauernhaus in Neu St. Jürgen

dörfern und den älteren Moorsiedlungen. Als Anreiz bekam jeder von ihnen etwa 13 Hektar eigenes Land zugewiesen, das er zur Selbstversorgung landwirtschaftlich nutzten sollte. Das gelang jedoch erst in der dritten Generation, denn auf dem nassen, sauren und nährstofflosen Boden wuchs zunächst weder Gras noch Getreide. Die Moorbauern führten ein entbehrungsreiches Leben in schlichten, mit Moosfladen und Heidekraut gedeckten Katen entlang der neuen Moorkanäle und ernährten sich in der Hauptsache von Buchweizen, den sie in der Asche aussäten, die übrig blieb, nachdem sie die oberste Schicht des Torfes abgebrannt hatten. So ist es nicht verwunderlich, dass Krankheiten und die schwere körperliche Arbeit die Kolonisten häufig früh dahinrafften. Noch heute ist in dieser Gegend der Spruch verbreitet: „Den Ersten sien Dot, den Tweeten sien Not, den Dritten sien Brot".

Eine dauerhafte landwirtschaftliche Existenz konnten sich die Moorbauern mit der fortschreitenden Kultivierung durch modernere Maschinen und Kunstdüngung aufbauen. Damit veränderte sich aber auch das Gesicht des Teufelsmoors. Heute prägen ausgedehnte Grünländereien das Landschaftsbild. Torfabbau findet nicht mehr statt. Reste des einst größten Moorkomplexes aus Hoch- und Niedermooren in Nordwestdeutschland finden sich jedoch noch an verschiedenen Stellen in den Schutzgebieten und können auf schmalen Pfaden bei geführten Wanderungen erkundet werden. Geblieben ist das magische Licht und der weite Himmel mit seinen schnellen Wolkenwechseln, oder, um es mit den Worten des Malers Fritz Mackensen auszudrücken: „Das Luftgespiegel im Wasser ist so zauberhaft, dass ich aus dem Staunen nicht herauskomme." Ein ganz besonderes Naturschauspiel bietet sich aufmerksamen Beobachtern im Winter, wenn die Hamme über die Ufer tritt. In dem Überschwemmungsgebiet der Niederung sammeln sich Tausende von Sing- und Zwergschwänen sowie Graugänsen, die auf ihrem Weg in die nordischen und arktischen Brutgebiete Rast einlegen. ■

EIN KREIS MIT GESCHICHTE

Manuela Ellmers

Typisch Osterholz

Torfschiffe auf alten Wasserwegen

Wie kein anderes Symbol steht der Torfkahn mit seinem charakteristischen braunen Segel für den Pioniergeist der Moorbauern. Er war ihr wichtigstes Verkehrsmittel, mit ihm transportierten sie den schwarzen Brennstoff, mit ihm fuhren sie zum Arzt oder zur Kirche. Ganze Flotten durchsegelten damals die Niederung, so wurden beispielsweise im Jahr 1875 rund 18 000 Schiffe gezählt, die St. Jürgen passierten. Nachdem die Torfschiffe vorübergehend aus dem Teufelsmoor verschwunden waren, weil die Städter jetzt mit Gas und Öl heizten, wurde die Tradition ab den 1980er-Jahren wiederbelebt. Gekleidet wie einst „Jan von Moor" in blau-weiß gestreiftem Hemd und schwarzen Cordhosen, schippern die heutigen Torfschiffer statt 50 Körbe Torf pro Fahrt bis zu 16 Ausflugsgäste über die alten Wasserwege von Hamme und Wümme, vorbei an ihren mit Schilf bewachsenen und von unzähligen Teichrosen gesprenkelten Ufern.

Ein Torfkahn ohne Fracht auf der Rückfahrt von Bremen nach Worpswede im Jahr 1950

Die Torfschiffer von heute sind Ehrenamtliche wie die vom Verein Adolphsdorfer Torfschiffer. Sie haben die sogenannten Halb-Huntschiffe originalgetreu nachgebaut. Ein Hunt ist ein altes englisches Maß und entspricht etwa dem Fassungsvermögen von zwölf Kubikmetern. Die schwarzen Eichenholzkähne sind knapp 10 Meter lang, gut 1,8 Meter breit, haben einen Mast und ein Segel sowie eine flache Kajüte. Bei Wind wird das Segel gesetzt, bei Flaute kommt leise summend der knapp 10 PS starke Benzinmotor zum Einsatz, der jedoch zunehmend durch klimafreundliche geräuschlose Elektromotoren abgelöst wird. Ein Luxus, von dem die damaligen Moorbauern nur träumen konnten, sie mussten bei Windstille staken oder treideln, eine mühselige Angelegenheit. Mittlerweile sind die Torfkähne ein historisches Aushängeschild des Landkreises Osterholz und die Torfschiffer unterhalten die Touristen mit Geschichten „ut ole Tiden", als das nasse Land noch nicht kultiviert und es im Teufelsmoor noch keine befestigten Straßen gab.

Der traditionelle Viehmarkt in Osterholz-Scharmbeck ist eine von vielen abwechslungsreichen Veranstaltungen im Landkreis Osterholz.

Feste feiern

Ebenso typisch und im traditionellen Dorfleben fest verankert sind die über die Landkreisgrenzen hinaus bekannten Erntefeste mit ihren fantasievoll geschmückten Themenwagen, die so auch im rheinischen Karneval mitfahren könnten. Zu einem der größten in der Region gehört das Osterholzer Erntefest, das 1853 zum ersten Mal gefeiert wurde. Ins Festkomitee wurden damals Männer gewählt, die verheiratet und „unbescholten" waren. Das Fest war gedacht für die Bürger und Mitarbeiter der landwirtschaftlichen Betriebe, hat also nichts mit dem kirchlichen Erntedankfest zu tun. Vom gemeinsamen Binden der Kränze über ein Feuerwerk bis hin zum Festumzug ist bei dem Volksfest alljährlich am zweiten Wochenende im August vier Tage lang Party angesagt.

Der Scharmbecker Herbstmarkt ist noch gut 100 Jahre älter als das Osterholzer Erntefest und galt einst als einer der bedeutendsten Marktorte in der nordwestlichen Provinz Hannover. Ursprünglich ein traditioneller Viehmarkt für Hornvieh und Pferde, entwickelte er sich nebenher als Kramermarkt, weil die Landbevölkerung hier außer Mast- und Zuchttieren allerlei Hausartikel und Arbeitsgeräte kaufen konnte. Heute dominieren Fahrgeschäfte und andere übliche Kirmesattraktionen das Bild, was dem Brauch und der guten Stimmung allerdings keinen Abbruch tut. Doch auch Vierbeiner und Federvieh wechseln immer noch per Handschlag den Besitzer. Ein Höhepunkt des Viehmarkts ist beispielsweise die sogenannte Bullenwette. Derjenige Besucher, der das Gewicht eines Bullen richtig schätzt, gewinnt.

Eine lange Tradition haben die Schützenfeste, die in allen Teilen des Landkreises veranstaltet werden. Sie sind ebenso wie der Kreisreiterball gesellige Ereignisse und Ausdruck eines lebendigen Miteinanders. Ein Publikumsmagnet mit vergleichsweise junger Tradition ist die PUBLICA. 2004 gestartet, hat sie sich zur größten Verbrauchermesse für Haus und Freizeit im Elbe-Weser-Dreieck gemausert.

EIN KREIS MIT GESCHICHTE

Es klappert die Mühle . . .

Das Tuchmachergewerbe war einst von großer Bedeutung für die Stadt Osterholz-Scharmbeck, weshalb sich allein entlang des Scharmbecker Bachs zeitweilig neun Wassermühlen aneinanderreihten. Sie dienten überwiegend nicht als Korn-, sondern als Walkmühlen. Der Bedarf war dabei so gewaltig, dass sogar noch die Wassermühle in Meyenburg hinzugepachtet werden musste. Mühlen gelten gemeinhin als die ältesten Maschinen der Menschheit und sind heute als technische Denkmäler von besonderem Interesse.

Im Landkreis Osterholz drehen sich noch zahlreiche historische Wind- und Wassermühlen, die größtenteils aufwendig saniert und vollständig restauriert wurden. Dazu zählt unter anderem die „de griese Graue" genannte Mühle Lübberstedt in der Samtgemeinde Hambergen, die ihren Namen den Eichenschindeln verdankt, mit denen sie verkleidet ist. Bei der Windmühle handelt es sich um den einzigen noch voll funktionsfähigen Durchfahrtsholländer auf der Osterholzer Geest. In der Gemeinde Schwanewede liegt die Meyenburger Mühle mit großem Mühlteich, die Anfang des 14. Jahrhunderts von den Meyenburger Herren auf eigenem Grund angelegt wurde.

Weitere Mühlen finden sich in Worpswede, Ritterhude sowie in der Stadt Osterholz-Scharmbeck. In der Kreisstadt ist die Mühle von Rönn bis heute ein beliebtes Fotomotiv. Jede Mühle hat neben der technischen auch eine kultur- und sozialgeschichtliche Vergangenheit. Viele von ihnen können besichtigt werden, andere sind bewohnt oder beherbergen Gastronomie. Heimatpflege hat überall im Landkreis Osterholz einen hohen Stellenwert – auch das ist typisch. ■

Die Aschwardener Mühle ist eine von zahlreichen historischen Wind- und Wassermühlen im Landkreis.

Manuela Ellmers

Mit der Eisenbahn kamen die Fabriken

Das Zeitalter der Industrialisierung bescherte auch dem Landkreis Osterholz wirtschaftlichen Aufschwung. Auf die ersten Tuchfabriken wie die von Hermann Hermeling, der sämtliche Landestruppen mit Uniformtuchen belieferte, folgten ab Mitte des 19. Jahrhunderts Zigarrenfabriken. 1869 verarbeiteten 60 Arbeiter in vier Betrieben schon 90 000 Pfund Tabak. Eine nicht unerhebliche Rolle für das Wachsen der Gewerbe- und Industriezweige spielte dabei die 1862 eröffnete Bahnstrecke Bremen–Bremerhaven (damals Bremen–Geestendorf). Um die neue Bahnstation Osterholz-Scharmbeck herum entwickelte sich in den folgenden Jahrzehnten ein regelrechtes Industriegebiet. So siedelte sich unter anderem mit der Zigarrenfabrik Zülch & Nitzsche in der Bahnhofstraße ein Großunternehmen an, das zur Jahrhundertwende rund 300 Arbeiter beschäftigte.

Von 1884 bis 1906 produzierte auch die Firma Reemtsma in Osterholz Zigarren, und der in Osterholz geborene Fürchtegott Reemtsma verzog in den Harz und machte das Unternehmen groß. Als die Zölle auf den Tabak und, nach dem Ersten Weltkrieg, die Inflation die Gewinne schrumpfen ließen, ging es jedoch wirtschaftlich wieder bergab mit der Zigarrenfabrikation in Osterholz-Scharmbeck. Wiederbelebt wurde sie dann noch einmal Ende der 1950er-Jahre von dem westfälischen Zigarrenproduzenten Arnold André. Gut drei Jahrzehnte stellte er in seinem Zweigbetrieb am Bahnhof maschinell Zigarren her. Bereits im ersten Jahr waren bei „Handelsgold", wie das Werk nach seiner Marke hieß, 400 Menschen angestellt, in der Mehrzahl Frauen.

Ein Glücksfall für die Stadt war die Ansiedlung von Frerichs & Co. 1864, ebenfalls in unmittelbarer Nähe zum Bahnhof. Damals hatte der Niedergang des traditionellen Scharmbecker Tuchmachergewerbes schon begonnen. Jetzt fanden viele Einwohner in der Eisengießerei und Maschinenfabrik Arbeit. Anfang des 20. Jahrhunderts begann das Frerichswerk mit dem Bau von Heckraddampfern für die großen Flüsse Südamerikas und Afrikas. Dabei gab es jedoch ein Problem: Das Werk lag nicht am Wasser, sondern 800 Meter entfernt vom Osterholzer Hafen. Um das Problem zu lösen, wurde an der Unterweser eine Werft gegründet. Doch auch für die Osterholz-Scharmbecker Werftabteilung fand sich eine Alternative. Größere Schiffe wurden in Einzelteile zerlegt verschickt und am Bestimmungsort wieder zusammengesetzt.

Mit dem Konkurs des Unternehmens während der Weltwirtschaftskrise beginnt die wechselvolle Geschichte des Fabrikgeländes, die mit der Eröffnung der Stadthalle im November 2005 ein Happy End genommen hat. Damals, 1939, wurden die leerstehenden Hallen zunächst von den Fahrzeugwerken Fritz Drettmann übernommen, die die Fabrikation von Lastwagenanhängern bald auf Rüstungsproduktion umstellten. Anfang der 1950er-Jahre geriet das Unternehmen in finanzielle Schieflage. Es kam zu einem

EIN KREIS MIT GESCHICHTE

Vergleich mit den Gläubigern. Wieder standen die Hallen leer, bis sich die Bremer Borgward-Werke entschlossen, ihre Lastwagen in Osterholz-Scharmbeck zu bauen. Das bedeutete Arbeit für rund 1000 Menschen, doch schon zwei Jahre später, 1961, gab es erneut einen Wechsel. Die Büssing Automobilwerke in Braunschweig erwarben die Fabrikationsstätte aus der Konkursmasse der Borgward-Werke. Am Ende des Jahrzehnts wurden die Werkshallen am Bahnhof schließlich von dem Hersteller für Abfallsammelfahrzeuge, FAUN, übernommen, bis dieser 2002 in den Ortsteil Heilshorn umzog.

Der Straßenname „Pappstraße" erinnert noch heute an die Wohnungen für die „Reiswerker", wie sich die Mitarbeiter der Osterholzer Reiswerke selbst nannten; denn die Wände der ersten Häuser für die Belegschaft waren mit schwarzer Dachpappe verkleidet. Die Osterholzer Reiswerke waren eines der bedeutendsten Unternehmen der Kreisstadt, die Menschen aus dem gesamten Landkreis Arbeit boten. 1875 in direkter Nachbarschaft zum Bahnhof gegründet, wurde der Betrieb drei Jahre danach um eine Reismühle erweitert. In der folgenden Blütezeit wurden jährlich 750 000 Zentner Reis zu Stärke verarbeitet. Im Zweiten Weltkrieg begann die Herstellung von Reisflocken. Später wurde das Werk von der US-amerikanischen Kellogg Company übernommen und – nach rund 100-jähriger Produktion – schließlich stillgelegt. Auf dem ehemaligen Betriebsgelände entstand ein modernes Geschäftshaus. Die Bahnlinie, die einst die Industrialisierung in die Stadt brachte, ist auch heute noch einer der Faktoren, die für den Wirtschaftsstandort des Landkreises Osterholz sprechen. ■

Die Eisengießerei und Maschinenfabrik J. Frerichs & Co. siedelte sich 1864 in der Nähe des Bahnhofs an.

Stefanie Kettler

Eine Einleitung: Standortvorteile, Anbindung, Infrastruktur, Metropolregion, Branchen

Die braunen Segel in den Wind gedreht, treiben die Torfkähne langsam über die Hamme. Der Schipper, wie man hier auf Platt so schnackt, sitzt in historischer Tracht am Ruder. Und während er erzählt, wie das Leben der Menschen im Teufelsmoor noch vor 150 Jahren aussah, als der Torf auf den hölzernen Kähnen bis in die nahe Hansestadt gestakt werden musste, schweift sein Blick über die Landschaft.

Längst hat der Landkreis Osterholz diese Zeiten hinter sich gelassen, von denen der Torfkahnschipper seinen Gästen in launigem Niederdeutsch berichtet. Während die Kähne mit den braunen Segeln heute reine Touristenunterhaltung sind, charakterisieren vor allem kleine und mittlere Betriebe (KMU) den Wirtschaftsstandort Osterholz. Auf gut 650 Quadratkilometern Fläche sind Landwirtschaft und Handwerk genauso zu Hause wie Handel und Dienstleistung, Technologie oder Protagonisten der Energiewende.

Sie alle profitieren von der Mixtur hochwertiger Standortvorteile gepaart mit einer hohen Wohn- und Lebensqualität. Günstige Gewerbeflächen treffen auf vergleichsweise preiswerte Grundstückspreise für private Bauherren, ein attraktiver Arbeitsmarkt auf ein vielfältiges Bildungs- und Freizeitangebot. Die Breitbandversorgung hat Vorzeigecharakter. Die gute Verkehrsinfrastruktur bettet sich in eine reizvolle Landschaft.

Es sind nur knapp 15 Autominuten bis in die angrenzende Hansestadt Bremen. Rauf auf die A 27, hat man in kürzester Zeit das Bremer Kreuz erreicht, wo der Fernverkehr die Waren aus dem Landkreis über die A 1 in alle Ecken Deutschlands transportiert. Der Bremer Flughafen ist nicht weit, die Häfen Bremen und Bremerhaven auch nicht. Auf der Schiene rattern indessen die Güterzüge im 20-Minuten-Takt auf der Bahnstrecke Bremen–Bremerhaven quer durch den Kreis. Die Anbindung der Gewerbegebiete an diese Verkehrsknotenpunkte darf man wohl zu Recht komfortabel nennen – die B 74 braucht den Vergleich mit einer pulsierenden Ader nicht zu scheuen, die die Gemeinden miteinander verbindet.

„Wirtschaftsförderung hat im Landkreis höchste Priorität", heißt es unisono aus dem Kreishaus. Als eigene Stabsstelle direkt dem Landrat unterstellt, lautet die Zielsetzung, aktiv neue und positive Impulse für eine solide, wirtschaftliche Entwicklung in der Region zu geben. Vertrauen und Planungssicherheit, sagen die Verantwortlichen, sollen für eine lebendige Wirtschaftsvielfalt geschaffen werden. Als Koordinator der „Arbeitsgemeinschaft Technologie- und Innovationsförderung Elbe-Weser Region" (ARTIE) arbeitet man aktiv daran, kleine und mittlere Unternehmen in ihrer Wettbewerbsfähigkeit zu

Fortsetzung Seite 32 unten

WIRTSCHAFTSSTANDORT OSTERHOLZ

Neubau der Volksbank in Osterholz-Scharmbeck

**Gottfried Stehnke Bauunternehmung GmbH & Co. KG –
aus Tradition Werte schaffen**

Die Firma Gottfried Stehnke Bauunternehmung ist ein führendes Bauunternehmen in der Elbe-Weser-Region und im Großraum Bremen, das bereits in der fünften Generation geführt wird.

Das umfassende Leistungsportfolio bietet „Alles aus einer Hand" – auch in Zusammenarbeit mit einem dichten Netzwerk aus spezialisierten Partnerunternehmen. Damit ist das Unternehmen Stehnke bestens aufgestellt für alle Herausforderungen des Bauens. Im Unternehmen ist man stolz auf die langjährige Tradition. Sie ist zudem Teil eines umfassenden Qualitätsmanagements. Dieser wertvolle Fundus an Fachkompetenz und Lösungsstrategien macht Stehnke zum gefragten Partner für anspruchsvolle Bauvorhaben. Gemeinsam mit den Auftraggebern wurden Tausende Bauprojekte für den öffentlichen, privaten und gewerblichen Sektor realisiert.

Die Mitarbeiter sind das Fundament des Erfolges – und alle gemeinsam leben das Credo „Alles aus einer Hand". Diese Vielseitigkeit, verbunden mit hoher Fachkompetenz, ist eine der Stärken, die Auftraggeber schätzen. ∎

Auf einen Blick
Gründungsjahr: 1868
Mitarbeiter: rund 370

Leistungsspektrum:
– Straßen- und Tiefbau
– Kabel- und Rohrleitungsbau
– Hoch- und Ingenieurbau

Standort: Osterholz-Scharmbeck

www.stehnke.de

Neubau und Sanierung des Rathauses Osterholz-Scharmbeck (schlüsselfertige Generalunternehmerleistung, in Arge, PPP)

Auf einen Blick
Gründungsjahr: 1930
Mitarbeiter: 65

Leistungsspektrum:
Pflege- und Reinigungsprodukte in den Bereichen: Möbel, Böden, Leder, Silber/Metall, Schuhe, Spezialisten, Feuchttücher, Bio, Haustier

Zertifikat:
Gesicherte Nachhaltigkeit

www.poliboy.de

POLIBOY Brandt & Walther GmbH

Wir sind ein Familienunternehmen mit 86-jähriger Erfahrung in der Herstellung von Pflege- und Reinigungsprodukten. Die Rezepturen entwickeln wir von jeher in unserem hauseigenen Labor: ob für Möbel, Böden, Silberschmuck oder Flachbildschirme.

Um unsere Umwelt genauso zu erhalten wie Ihre Lieblingsstücke zu Hause, verwenden wir natürliche Inhaltsstoffe. Dabei legen wir Wert auf die Qualität der Rohstoffe, biologische Abbaubarkeit der Inhaltsstoffe sowie gesundheits- und umweltgerechte Substanzen. Außerdem wird POLIBOY-Qualität ausschließlich in Deutschland – in Lilienthal – hergestellt! ■

---

unterstützen, auch über die Kreisgrenzen hinaus. Zugleich spielen die Themen Arbeitnehmerqualifikation, Lebenslanges Lernen und Personalentwicklung eine große Rolle. Landkreis und ProArbeit stehen hier Existenzgründern wie auch gewachsenen Unternehmen als Ansprechpartner zur Seite.

Die Entwicklung der Region bestärkt die Entscheider in ihrer Strategie. Der Landkreis Osterholz gehört zu den Institutionen, die 2005 gemeinsam den Grundstein für die Metropolregion Nordwest gelegt haben. Die Bundesministerkonferenz für Raumordnung verleiht diesen Status ausschließlich an stark verdichtete Großstadtregionen von hoher internationaler Bedeutung – und große ländliche Gebiete, die mit den Oberzentren der Region durch wirtschaftliche Verflechtungen oder Pendlerströme in enger Verbindung stehen. So wie eben der Kreis Osterholz und seine Umgebung.

Hier ist man stolz darauf, den Titel Metropolregion tragen zu dürfen. „Motoren der sozialen, gesellschaftlichen und wirtschaftlichen Entwicklung eines Landes", sagt die Ministerkonferenz über diese Regionen Deutschlands. Osterholz darf sich damit in einem Atemzug mit Wirtschaftsriesen wie dem Rhein-Ruhr-Gebiet, Hamburg oder Stuttgart nennen. Dennoch sind es bodenständige Menschen, die hier leben – schlaue Köpfe, die das Potenzial genutzt haben, das die Region um Wümme und Hamme ihnen bietet. ■

WIRTSCHAFTSSTANDORT OSTERHOLZ

FAUN ist eines der weltweit führenden und richtungweisenden Unternehmen für Entsorgungstechnik.

FAUN ist zuverlässig fortschrittlich

Unsere Aufgabe ist es, Entsorgungsunternehmen Tag für Tag mit leistungsstarken, hochwertigen Abfallsammelfahrzeugen und Kehrmaschinen zu unterstützen. Wir arbeiten stets daran, unsere Technologien im Detail zu optimieren, setzen dabei auf ein durchgängiges Qualitätskonzept und verbessern dieses kontinuierlich. Das sorgt für zuverlässige und fortschrittliche Produkte mit niedrigem total cost of ownership (TCO). Die über 170-jährige Geschichte unseres Unternehmens wurde maßgeblich von unseren Mitarbeitern geprägt. Die Menschen, die mit Ehrgeiz und Engagement fortschrittliche und zuverlässige Fahrzeuge fertigen.

Um den Ansprüchen unserer Kunden zu genügen, legen wir hohe Maßstäbe an uns und unsere Produkte. Wir erarbeiten pragmatische Ansätze zum Erreichen unserer Ziele und arbeiten diese konsequent ab. Die Einhaltung geprüfter Prozesse und Standardisierungen tragen zum langfristigen Unternehmenserfolg bei. FAUN ist ein Unternehmen der weltweit renommierten KIRCHHOFF Gruppe.

Auf einen Blick
Gründungsjahr: 1845
Mitarbeiter: 1250

Leistungsspektrum:
– Abfallsammelfahrzeuge
– Kehrmaschinen
– Trackway

Standorte:
Osterholz-Scharmbeck und Grimma (Sachsen) sowie weitere Standorte in Frankreich, Großbritannien, Russland, China, der Türkei und der Schweiz

www.faun.com

RITAG Ritterhuder Armaturen GmbH & Co. Armaturenwerk KG

RITAG Industriearmaturen stehen für höchste Produktqualität „made in Germany" und werden im Landkreis Osterholz entwickelt, hergestellt und geprüft. RITAG Kunden auf der ganzen Welt erhalten hierdurch ein Höchstmaß an Prozesssicherheit und maßgeschneiderte Serviceleistungen für den gesamten Lebenszyklus.

Seit mehr als 40 Jahren vermittelt RITAGs Engineering Kompetenz den internationalen Kunden aus Chemie, Petrochemie, Pharmazie, Energiewirtschaft sowie dem Schiff- und Anlagenbau Vertrauen und Sicherheit. Das unabhängige Familienunternehmen stellt an einem der modernsten Produktionsstandorte Deutschlands hochwertige Rückschlagarmaturen, Bodenventile, Probenahmeventile und -systeme her. RITAG Industriearmaturen sind in allen prozesserforderlichen Nennweiten, Druckstufen und Werkstoffen lieferbar. Die Präzisionsarmaturen zeichnen sich auch bei extremen Temperaturen und Drücken durch Robustheit und Langlebigkeit aus. Kundennaher Service rundet das Portfolio ab. ∎

Die moderne Immobilie bietet mehr als 6000 Quadratmeter Büro- und Fertigungsfläche.

Unsere motivierten und qualifizierten Mitarbeiter sind bereit für Ihre Herausforderung.

WIRTSCHAFTSSTANDORT OSTERHOLZ

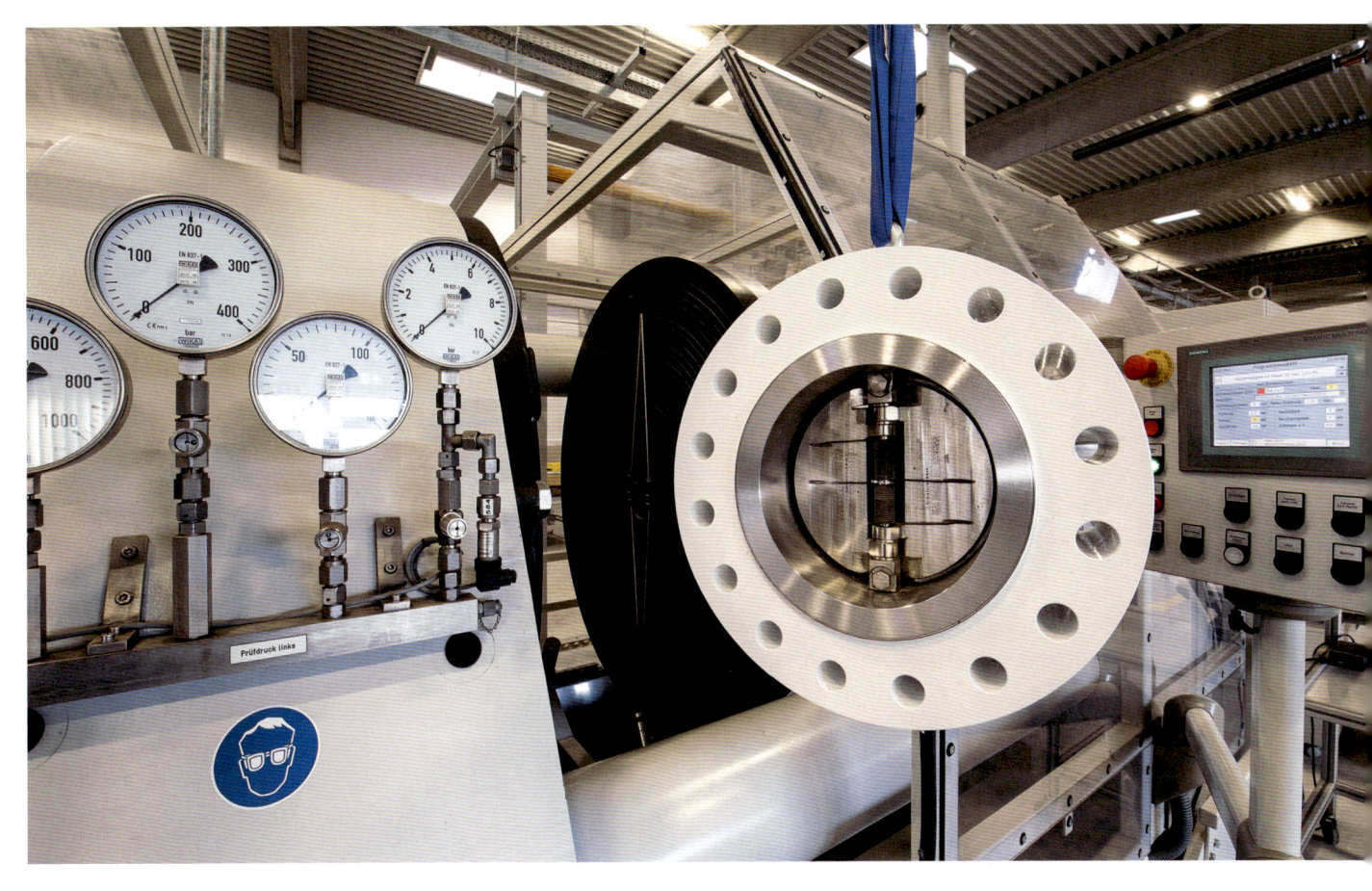

Qualität „made in Germany" ist RITAGs oberste Maxime – hier der Prüfstand, einer der größten in ganz Europa.

Der freundliche und verlässliche Umgang mit Mitarbeitern und Geschäftspartnern zeichnet RITAG aus.

Auf einen Blick
Gründungsjahr: 1974
Mitarbeiter: mehr als 80

Produktprogramm:
- Zwischenflansch-Rückschlagarmaturen
- Bodenventile
- Probenahmeventile und -systeme
- Clean-Service-Systeme

Dienstleistungen:
- Abnahmen
- Inspektionen
- Qualitätsnachweise durch verliehene Zertifizierungen
- After Sales Service

www.ritag.com

Schrage GmbH

Dipl.-Ing. Otto Schrage gründete 1977 die Metallspritztechnik Schrage GmbH mit Sitz und Betriebsstätte in Osterholz-Scharmbeck. Die Gesellschaft wurde 1996 in die Schrage GmbH Metallspritz- und Schweißtechnik umbenannt. Aus diesem traditionellen Familienbetrieb hat sich die kontinuierlich gewachsene, international tätige Schrage Gruppe entwickelt. Zu dieser Unternehmensgruppe gehören die Schrage GmbH Holding, Schrage GmbH Metallspritz- und Schweißtechnik und Schrage GmbH Anlagenbau mit Betriebsstätte in Sande.

Nach dem plötzlichen Tod von Otto Schrage in 2009 wurde seine Frau Christa alleinige Gesellschafterin. Am 1. Juni 2016 übergab Christa Schrage die Gesellschaft an Tochter Ulrike. Sie ist nun in zweiter Generation alleinige Gesellschafterin der Schrage Gruppe und als Geschäftsführerin in der Holding aktiv.

Die Schrage GmbH Metallspritz- und Schweißtechnik bietet als zertifiziertes Dienstleistungsunternehmen mit 40 Jahren Erfahrung Verschleiß- und Korrosionsschutz von Maschinen-, Apparate- und Anlagenteilen durch Metallspritzen und Auftragsschweißen an. Für die mechanische Vor- und Endbearbeitung von Reparatur- und Neuteilen steht ein breit gefächerter Maschinenpark mit konventionell und CNC-gesteuerten Bearbeitungsmaschinen in den Bereichen Drehen, Fräsen und Schleifen zur Verfügung. Das Unternehmen ist seit 2015 zertifiziert als Schweißfachbetrieb nach DIN EN ISO 3834-2.

Als regionaler Arbeitgeber hat sich die Schrage GmbH Metallspritz- und Schweißtechnik seit 40 Jahren am Ort etabliert. Der größte Teil der Belegschaft kommt aus dem Landkreis Osterholz. ■

Auf einen Blick
Gründungsjahr: 1977
Mitarbeiter: 65 Schrage Gruppe

www.schrage-gmbh.de

Leistungsspektrum:
- Optimierung des Verschleiß- und Korrosionsschutzes an Bauteilen des allgemeinen Maschinenbaus
- Planung, Konstruktion, Vertrieb und Montage mechanischer Förderanlagen für Schüttgüter aller Art

WIRTSCHAFTSSTANDORT OSTERHOLZ

Auf einen Blick
Gründungsjahr: 1992

Leistungsspektrum:
- Beratung
- Konstruktion
- Vertrieb
- Montage
- Schulung
- Prüfservice

Produkte:
- Anschlagmittel
- Absturzsicherung
- Fördertechnik
- Hebezeuge
- Hydraulik
- Krantechnik
- Lastaufnahmemittel
- Ladungssicherung

Hebetechnik für die Windindustrie   www.hansatec.de

Hansa Tec – das Kompetenzzentrum für Hebe-, Zurr- und Höhensicherungstechnik

Hansa Tec steht für Sicherheit und Innovationen in den Bereichen der Hebe-, Höhensicherungs- und Ladungssicherungstechnik. Die Erfolgsgeschichte startete 1992 in Bremen, seit 2011 agiert Hansa Tec von Osterholz-Scharmbeck aus. Auf dem firmeneigenen 4000-Quadratmeter-Areal stehen großzügige Flächen für Büro, Lager, Schulung und UVV-Prüfungen zur Verfügung.

Hansa Tec, ISO 9001 zertifiziert, steht innerhalb der Branche für erstklassige Sicherheitsprodukte führender Hersteller. Beispielsweise sind es die auffälligen, belastbaren pinken RUD Ketten, die man in der Automobilbranche, bei Flugzeugbauern oder im Maschinenbau häufig sieht. Es ist Qualität „made in Germany" – konfektioniert in Osterholz. Oder die MagnumX Rundschlinge vom Premiumhersteller SpanSet. Diese Schlinge hat mit Tragfähigkeiten von bis zu 450 Tonnen neue Maßstäbe in der Hebetechnik gesetzt. Die Schlinge findet ihre Klientel beispielsweise in der Wind- und Automobilbau-Industrie und ist dort nicht mehr wegzudenken.

Das Portfolio umfasst neben der Anschlagtechnik auch Krantechnik, Hebezeuge, Hydraulik sowie Ladungs- und Absturzsicherungssysteme. Durch das große Materiallager kann das Unternehmen viele Bedarfsfälle für Neulieferungen oder Reparaturen kurzfristig erfüllen. Auch das Engineering aufwendigster Traversen erfolgt am Standort selbst. Eine eigene Konstruktionsabteilung plant Lastaufnahmemittel für individuelle Lastfälle und Kundenanforderungen.

Darüber hinaus hat sich das Unternehmen im Dienstleistungssektor einen Namen gemacht. Die Mitarbeiter von Hansa Tec sind in großer Höhe auf Dächern, Kranbahnen oder Kreuzfahrtschiffen bei der Montage von Absturzsicherungssystemen anzutreffen oder ganz „bodenständig" bei der Überprüfung von Arbeitsmitteln. Als eines der ersten Unternehmen in Norddeutschland bot Hansa Tec einen Prüfservice für Anschlagmittel an. Langjährige Erfahrung, gepaart mit modernster Technik, wie einer RFID-basierten Produktdokumentation, zeichnen den Hansa Tec Prüfservice heute aus. Neben der Ketten- und Lastaufnahmemittelprüfung werden u. a. Rolltore, Regale und Absturzsicherungssysteme geprüft. Auch trägt Hansa Tec mit einem umfangreichen Seminarprogramm zur Sicherheit in vielen Betrieben bei. Regelmäßig finden Schulungen zu den Themen Ladungssicherung, Hebetechnik oder Höhensicherung statt. Selbstverständlich schult Hansa Tec auch inhouse, das heißt bei den Kunden selbst. Ein Vorteil: Praktische Übungen können mit dem eigenen Equipment durchgeführt werden. Darüber hinaus nutzen Interessierte alle zwei Jahre die stark frequentierte Hausmesse, um sich über Neuheiten zu informieren. ∎

Montage und Prüfung – Höhensicherungssysteme von Hansa Tec

Stefanie Kettler

Ein Überblick: Handel, Dienstleistungen, Handwerk, Landwirtschaft

Kinderlachen klingt in der Luft, der Geruch von Zuckerwatte und Geschmortem, ein geschäftiges Flirren aus Stimmen und ein stetiges Vorwärtsströmen der Besucher. An den Ständen laufen rege Gespräche, eine betriebsame Atmosphäre liegt über allem. Messetag eben. Veranstaltungen wie die PUBLICA machen sichtbar, wie breit gefächert der Landkreis und seine Unternehmen längst aufgestellt sind – und welches Potenzial in ihnen steckt.

Handel und Dienstleistungssektor, Gewerbe und Landwirtschaft sind der wirtschaftliche Motor der Region. Über 4200 Unternehmen registrierte das Landesamt für Statistik im Jahr 2013 im Landkreis Osterholz. Sie setzen jährlich über 3 Mrd. Euro um – quer durch alle Branchen. Beachtliche Zahlen, handelt es sich dabei immerhin vorrangig um kleinere und mittlere Unternehmen.

Ein gut sortierter Einzelhandel präsentiert sich in Kreisstadt und Gemeinden, eingebettet in ein Netzwerk von Dienstleistern. Die Gewerbegebiete wachsen kontinuierlich – ein Indiz für die guten Rahmenbedingungen im Landkreis und die Selbstverständlichkeit, mit der überregional bekannte Unternehmen ihre Wurzeln pflegen und in den Standort investieren.

Die fünfjährige Bente ist mit ihrer Familie nach Osterholz-Scharmbeck gekommen, um während der PUBLICA hautnah zu erleben, was der Landkreis alles zu bieten hat. Angetan hat es dem Mädchen besonders der historische Torfkahn. „Den kenn ich", berichtet sie ihren Eltern aufgeregt. Nicht nur auf der Hamme hat die Kleine den hölzernen Kahn mit dem großen Segel schon einmal gesehen. Längst ist er zum Leitsymbol des Landkreises geworden, das im Rahmen des Regionalmarketings zur Stärkung der Wirtschaftskraft genutzt wird.

Im Kreishaus ist es vorrangig die Stabsstelle Wirtschaftsförderung, die sich um die Interessen der Unternehmen kümmert. Neben den obligatorischen Zahlen, Daten und Fakten rund um das Unternehmerdasein, ist die Stabsstelle vor allem Ansprechpartner im Hinblick auf Fördermöglichkeiten, Aus- und Weiterbildung und nicht zuletzt Innovationen.

„Zukunftsfähig zu sein, das bedeutet immer mehr innovativ zu sein, gerade in Zeiten zunehmender Globalisierung und eines immer schneller fortschreitenden technischen Wandels." Die „Arbeitsgemeinschaft Technologie- und Innovationsförderung Elbe-Weser Region", kurz ARTIE, unterstützt diesen Ansatz in der Region zwischen Bremen, Hamburg und Hannover. Es gehe darum, alle Fragen von Innovation, Wissens- und Technologietransfer kompetent und schnell beantworten zu können. Der Landkreis Osterholz ist hier treibende Kraft und zugleich Koordinator.

WIRTSCHAFTSSTANDORT OSTERHOLZ

Möbelhaus Käthe MEYERHOFF GmbH

Seit der Gründung 1928 treibt das Unternehmen Meyerhoff mit Hauptsitz in Osterholz-Scharmbeck seine Erfolgsgeschichte stetig am Puls der Zeit voran und zählt seit Jahrzehnten zu Norddeutschlands renommierten, innovativen Einrichtungshäusern. Das Erfolgskonzept: ein vielfältiges Sortiment hochwertiger Marken-Produkte, perfekt präsentiert, Preise in unterschiedlichen Segmenten für jeden Geldbeutel, und vor allem: zufriedene Kunden aller Generationen. Dabei geht es um mehr, als um das reine Verkaufen.

Bestens geschulte, kompetente Mitarbeiterinnen und Mitarbeiter beraten die Kunden individuell. Die Möbelausstellungen in allen Meyerhoff-Verkaufs-Häusern und Einrichtungswelten bieten auf breiter Basis ein faszinierendes Einkaufserlebnis mit vielen Einrichtungsbeispielen und -anregungen für das eigene Zuhause. Atmosphäre gepaart mit Auswahl und Qualität, Angeboten und Service – Meyerhoff-Kunden werden immer wieder überrascht und begeistert. ∎

Das Möbelhaus Meyerhoff, die Meyerhoff-Küchenwelt und der hauseigene to go!-Möbel-Mitnahmemarkt sind am Hördorfer Weg das Kernstück des ringsherum entstandenen Meyerhoff-Einkaufsparks mit seinen vielen Geschäften.

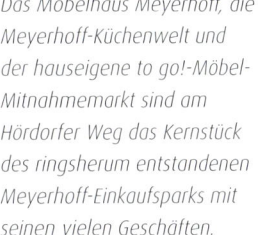

Auf einen Blick
Gründungsjahr: 1928
Mitarbeiter: 270

Leistungsspektrum aller Preissequenzen:
- Möbel, Beleuchtung und Accessoires für Wohn-, Schlaf-, Kinder- und Speisezimmer, Büro- und Vorratsräume, Garderoben-, Dielen- und Eingangsbereiche, Wintergärten, Bad und WC
- Geschenke-Paradies mit Verpackungsservice
- Haushalts- und Bettwaren, Heimtextilien
- Saisonal auch für Gärten, Terrassen und Balkone
- Aktionen, Angebote, Verkäufe von Ausstellungs- und Einzelstücken
- Küchenwelt mit individueller Beratung und Planung, Aufmaß-Service, Lieferung und Montage; Elektrogeräte, Kochvorführungen, Kochkurse – mit Musterküchenverkäufen und anderen Aktionen
- Services wie Beratungen, Finanzierungen, Mietwagen, Transport und Montage

weitere Standorte:
- drei weitere Küchenwelten in Bremerhaven, Bremervörde und Stuhr/Groß Mackenstedt
- Bremer Polsterwelt mit Polstermöbeln für Wohn- und Schlafzimmer (Boxspringbetten)

www.moebel-meyerhoff.de

Die Meyerhoff-Verkaufshäuser und Einrichtungswelten bieten ihren Kunden verschiedenste Einrichtungsbeispiele für das eigene Zuhause – dabei finden alle Geschmäcker und Generationen Berücksichtigung!

Auf einen Blick
Gründungsjahr: 1967
Mitarbeiter: 19

Leistungsspektrum:
– Entsorgungsfachbetrieb
– Container-Service
– Betriebshof TIMKE
– Kanal-/Abscheiderreinigung
– Notdienst

Standorte:
Grasberg und Westertimke

www.schorfmann.de

Fritz Schorfmann GmbH & Co. KG –
Umweltschutz – Container-Service
Seit rund 50 Jahren entsorgt das Familienunternehmen Schorfmann Gewerbeabfälle, Bauabfälle, Sperrmüll und Wertstoffe in der Region Grasberg, Lilienthal, Worpswede, Osterholz, Tarmstedt, Ottersberg, Fischerhude und Bremen-Borgfeld. Neben unserem Container-Service, der Annahme und Sortierung von Wertstoffen und Abfällen in Westertimke, Transporten oder Reinigungsleistungen bieten wir noch weitere Dienstleistungen zu Entsorgung und Umweltschutz für Gewerbebetriebe, Kommunen und Privathaushalte in der Region an. Dabei gehört für uns die Beratung unserer Kunden für eine umweltfreundliche und kostengünstige Entsorgung und Verwertung von Abfällen und Wertstoffen zum täglichen Geschäft. Kurz gesagt: Verantwortungsvolle Dienstleistungen werden zur Zufriedenheit unserer Kunden erbracht. ■

„Unternehmen müssen in die Zukunft denken", können die Wirtschaftsförderer aus ihrer Erfahrung berichten. „Wer dies nicht tut, dessen Betrieb wird es vielleicht in naher Zukunft nicht mehr geben." Gerade kleinere Unternehmen brauchen hierfür Unterstützung. Beispielhaft ist das Unternehmen Zeisner aus Grasberg, wo der Spagat zwischen Innovation und Tradition gut zu gelingen scheint. „Innovatives und nachhaltiges Handeln kann den Unterschied zwischen Erfolg und Misserfolg ausmachen", unterstreicht Landrat Bernd Lütjen. Innovation passiert aber auch in vielen anderen Unternehmen. Beispielhaft werden von Landrat Lütjen hier die Unternehmen FAUN, Nabertherm oder bwm genannt.

Aber auch Landwirte müssen innovativ sein. Hermann Knopp etwa beliefert mit seiner Biogasanlage die Stadtwerke, die das Gas im Blockheizkraftwerk am Allwetterbad verwertet. Mit der entstehenden Wärme werden das Bad und die angrenzenden Schulen versorgt – gelebte Energiewende, umgesetzt mit lokalen Akteuren.

„Unternehmer denken nicht in Kreisgrenzen", heißt es aus dem Kreishaus. „Darum sind auch wir als Landkreis in der Pflicht, über unseren Tellerrand hinaus zu schauen. Um attraktive Bedingungen zu schaffen, um Innovation zu ermöglichen, um kleine und mittlere Unternehmen, wie es sie hier zu 90 Prozent gibt, zu unterstützen."

So reiht sich auch der Landkreis in die Stände ein, die Bente an diesem Tag mit ihrer Familie besucht. Öffentlichkeitsarbeit und Marketing in eigener Sache. Oder, wie es der Landkreis formuliert: „Wir schaffen Verbindung." ■

WIRTSCHAFTSSTANDORT OSTERHOLZ

Abfall-Service Osterholz GmbH (A.S.O.)

Die Abfall-Service Osterholz GmbH ist ein zertifizierter Abfallwirtschaftsbetrieb mit Sitz in Pennigbüttel. Rund 80 Mitarbeiter, ein modernes Entsorgungszentrum und ein ebenso moderner und breit aufgestellter Maschinen- und Fuhrpark sorgen für eine nachhaltige und umweltverträgliche Entsorgung – beauftragt vom Landkreis Osterholz – für Privat- und Gewerbekunden.

Das Unternehmen ist der Partner bei allen Fragen zur Abfallentsorgung und bietet seinen Kunden einen umfassenden Service an. Das Motto: zufriedene Kunden durch flexible und sinnvolle Dienstleistungen, die Ökonomie mit Ökologie vereinen.

Als regionales Unternehmen fühlt sich das Team der A.S.O. eng mit den Menschen und dem Gewerbe des Landkreises verbunden.

Auf einen Blick
Gründungsjahr: 1998
Mitarbeiter: ca. 80

Standort:
Osterholz-Scharmbeck
OT Pennigbüttel

www.aso-ohz.de

Leistungsspektrum:
– Sammlung und Entsorgung von Abfällen aus Privathaushalten und Gewerbebetrieben
– modernes Entsorgungszentrum
– Unterhaltung von Wertstoffhöfen
– Containerdienst
– Abfallberatung und Öffentlichkeitsarbeit
– Erstellung von Abfallbilanzen und -wirtschaftskonzepten

Und als verlässlicher Partner möchte der Abfallspezialist mit seinem breiten Leistungsspektrum die Natur der Region schützen und die Menschen im privaten wie im beruflichen Leben unterstützen. Ziel ist es, gemeinsam durch ökologisches und ökonomisches Handeln eine saubere und lebenswerte Umwelt zu bewahren und Ressourcen zu schützen. Kurz gesagt: weg von der reinen Abfallbeseitigung hin zu umfangreicher, nachhaltiger Verwertung. ■

Ein moderner Maschinen- und Fuhrpark sowie hoch qualifizierte und motivierte Mitarbeiter sind die Basis für umweltgerechte und nachhaltige Entsorgung.

**ProEntsorga Beratungs- und Entsorgungs GmbH –
Entsorgungsdienstleistungen für den Landkreis Osterholz**

ProEntsorga ist der Dienstleister für kompetente, umfassende und zertifizierte Entsorgung von gefährlichen und nicht gefährlichen Abfällen aus Industrie, Handwerk und Gewerbe mit dem Extra an Service und Beratung. ProEntsorga mit Sitz in Hambergen stellt die nötigen Abfallbehälter bereit und übernimmt natürlich auch den Transport der Abfälle – entweder zur Wiederverwertung oder zur Entsorgung. Das ist die Rundum-Entsorgung vom Spezialisten.

Kurz gesagt: Was Sie von ProEntsorga mit ihrem umfangreichen Leistungsangebot erwarten können? Sammeln, befördern, lagern, behandeln von gefährlichen und nicht gefährlichen Abfällen. Und ProEntsorga arbeitet intelligent, vielseitig, nachhaltig.

Das Unternehmen hat seine Wurzeln und seinen Ursprung im Landkreis Osterholz. Mit drei weiteren Unternehmen in Oyten und Bremen bildet der Dienstleister eine Unternehmensgruppe, um ein breites Dienstleistungsspektrum – auch für den Landkreis Osterholz – anbieten zu können (siehe nachfolgende Seiten 44 und 45).

Stückgütertransport

*Entsorgung von gefährlichen
und nicht gefährlichen Stoffen*

WIRTSCHAFTSSTANDORT OSTERHOLZ

Flüssigkeitstransport jeglicher Art

Verwertung von Wertstoffen

Auf einen Blick
Gründungsjahr: 2000
Mitarbeiter: 13

Leistungsspektrum:
zertifizierter Entsorgungsdienstleister für gefährliche und nicht gefährliche Abfälle
– sammeln
– befördern
– lagern
– behandeln

www.proentsorga.de

Arnholz PKW-Lackierungen GmbH –
Arnholz Industrie Lackierungen GmbH –
HZ Heidemann Tankschutz GmbH –
Dienstleistungen für den Landkreis Osterholz

Diese drei Unternehmen bilden mit der Muttergesellschaft ProEntsorga Beratungs- und Entsorgungs GmbH aus Hambergen eine schlagkräftige Unternehmensgruppe und bieten Dienstleistungen nicht nur für den Landkreis Osterholz an.

Arnholz: Was 1926 in Bremen als Kutschenlackiererei begann und nach dem Krieg hauptsächlich mit der Lackierung von Jacobskaffee-Fahrzeugen neu startete, ist nach mehreren Umzügen und Vergrößerungen heute zu einer Institution in Sachen Lackiererei geworden. Der 1972 in Oyten neu erbaute Betrieb wurde, nach mehreren Erweiterungen, wegen der unterschiedlichen Kundenanforderungen 2001 in zwei selbstständige Bereiche geteilt: Die Arnholz LKW- und Industrielackierung GmbH und die Arnholz PKW-Lackierungen GmbH.

PKW-Lackierungen aus Meisterhand: Ob Neulackierung, Unfallinstandsetzung oder Designlackierung. Arnholz PKW-Lackierungen ist Ihr vielseitiger Partner, bei dem Sachverstand, Qualität und Termintreue höchste Priorität haben. Durch die langjährigen Erfahrungen von Arnholz PKW-Lackierungen haben Sie die Sicherheit, beste Ergebnisse bei jeder Leistung zu erhalten. Freuen Sie sich auf einen erstklassigen Service aus Meisterhand und hervorragende Lösungen, die Ihnen die Arnholz PKW-Lackierungen GmbH jederzeit bieten kann.

Abhol- und Bringdienst

Auf einen Blick
Gründungsjahr: 1926
Mitarbeiter: 26

www.arnholz.de

„Wir treffen Ihre Farbe!"

Leistungsspektrum:
– PKW-Teil- und Ganzlackierungen
– Fahrzeuglackierungen
– individuelle Gestaltung und Farbberatung
– Unfallinstandsetzung und Karosseriearbeiten
– Spot-Repair

WIRTSCHAFTSSTANDORT OSTERHOLZ

Auf einen Blick
Gründungsjahr: 2001
Mitarbeiter: 14

Leistungsspektrum:
– Industrie-und
  Sonderlackierungen
– Glaslackierungen
– Lackierung von matten
  Klarlacken
– usw.

www.arnholz-lackierungen.de

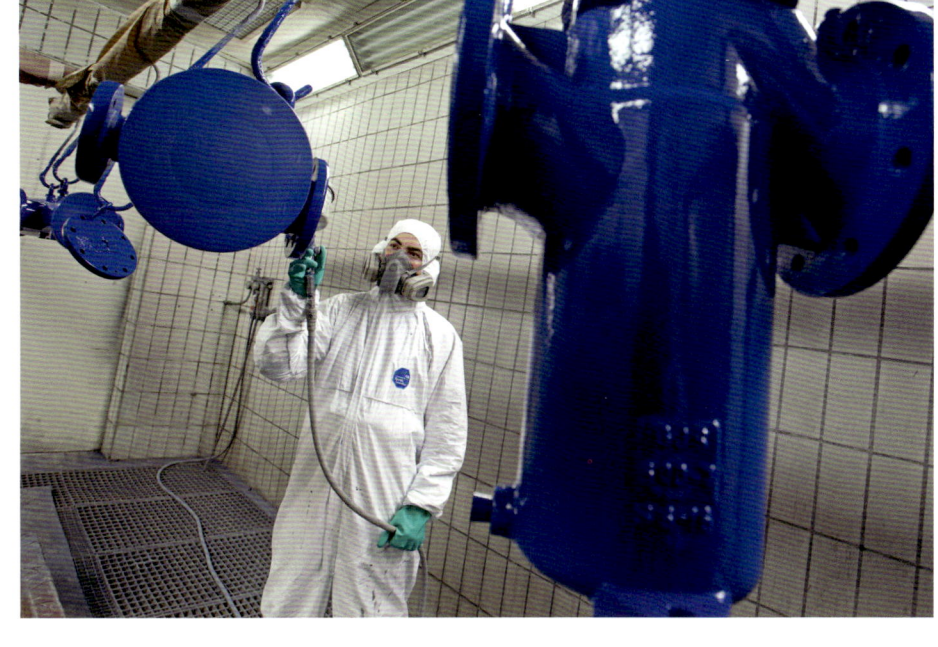

Lackierungen von Industriegegenständen nach Wahl

Arnholz Industrie-Lackierungen GmbH: Ihre Firmenflotte ist angekratzt? Die Lok etwas in Mitleidenschaft geraten? Der Fuhrpark nicht passend zur neuen Firmenfarbe? Wir verhelfen, voll und ganz, den Dingen zu neuem Glanz. Der erste Eindruck braucht nur eine Zehntelsekunde – und bleibt oft ewig bestehen. Wenn Ihre Lackierung Bestand haben und einen guten Eindruck machen soll, sind wir gerne für Sie da! Von Industrie- und Sonderlackierungen über Optimierung und Werterhaltung bis hin zu Sonderstrahlarbeiten und Oberflächenveredelungen – wir bieten Ihnen professionelle Lackierarbeiten in höchster Qualität.

Die HZ Heidemann Tankschutz GmbH in Bremen ist das dritte Unternehmen im Bunde: Ihr versierter, professioneller Tankschutz-Experte für Heizöltankanlagen rund ums Objekt. Ob Kellertank oder Erdtank, ob aus Metall, Kunststoff usw. – HZ Heidemann Tankschutz bietet das Know-how für einen umfassenden Service in allen Belangen, die eine sichere Heizöltankanlage erfordert.

Bei jeder vorgeschriebenen Tanküberprüfung testen wir alle Komponenten, die zu einem sicheren Betrieb Ihrer Tankanlage nötig sind. Nicht nur für Gewerbebetriebe, auch für Privatpersonen sind die Anforderungen des Boden- und Gewässerschutzes an erhöhte Auflagen gebunden. Außerdem bieten wir die regelmäßige Reinigung Ihrer Tankanlage an (auch Kunststofftanks und Tanks mit Innenhülle). Mit dieser Maßnahme können Sie die Lebensdauer Ihrer Heizöltankanlage um viele Jahre verlängern. Gleichzeitig überprüfen wir den Zustand aller technischen Sicherheitseinrichtungen. Abgerundet wird unser Leistungsspektrum durch Reparatur und Demontage von Tankanlagen, die Installation von Leckschutzanlagen und neuen Tankanlagen, TÜV-Vorbereitung und TÜV-Mängelbehebung. ■

Auf einen Blick
Gründungsjahr: 2006
Mitarbeiter: 7

Leistungsspektrum:
– Heizöltank-Überprüfung
   -Reinigung, -Reparatur
   und -Demontage
– neue Tankanlagen
– Wartungen

www.heidemann-tankschutz.de

Reinigung von Heizöltanks mit modernster Technik

45

Autohaus Geffken GmbH – Peugeot Service-Vertragspartner

Was 1890 begann und um 1900 noch mit der Herstellung und Reparatur von Kutschen und Schmiedearbeiten und später mit Landmaschinen befasst war, ist heute in dritter Generation ein modernes Autohaus mit einem umfassenden Servicekatalog. Heino Meyer und Moritz Murken führen inzwischen erfolgreich das Unternehmen Geffken.
Seit 1976 ist es die Marke Peugeot, um die sich alles dreht: Neuwagen, Gebrauchtwagen, Ersatzteile und Zubehör, aber auch entsprechende Finanzdienstleistungen sowie Versicherungen gehören mit zum breiten Leistungsspektrum. Und eben auch Erfahrung und Tradition, die in der Moderne angekommen ist, sind die Basis für einen Service, der höchsten Ansprüchen gerecht wird. ∎

Das Autohaus Geffken in Lilienthal ist Peugeot Service-Vertragspartner mit Vermittlungsrecht.

Das Autohaus hat immer die neuesten Modelle vor Ort.

Auf einen Blick
Gründungsjahr: 1890
Mitarbeiter: 18

Leistungsspektrum:
– Neuwagen
– Gebrauchtwagen
– Ersatzteile & Zubehör
– Werkstattservice
– Wartung
– Direktannahme
– Mobilitätsgarantie
– Abschleppservice/Pannenhilfe
– Finanzdienstleistungen
– Versicherungen
– Leasing

www.autohaus-geffken.de

WIRTSCHAFTSSTANDORT OSTERHOLZ

Kontrolle der Filteranlagen im Wasserwerk

Wasser- und Abwasserverband Osterholz (WAV)

Der WAV Osterholz ist ein kommunales Unternehmen. Wir sind ein Zweckverband, der von seinen Mitgliedskommunen bestimmte Aufgaben – hier die Wasserversorgung und die Abwasserbeseitigung – übertragen bekommen hat.

Gewinnung, Förderung, Aufbereitung, Speicherung und Transport des Trinkwassers sowie Transport, Sammlung und Reinigung des Abwassers sind wichtige Bestandteile unserer Tätigkeit.

Wir sorgen dafür, dass jeder im Verantwortungsgebiet befindliche Haushalt mit Trinkwasser versorgt wird und die Entsorgung des Abwassers sichergestellt ist. ■

Probeentnahme des gereinigten Wassers

Auf einen Blick
Gründungsjahr: 1962
Mitarbeiter: 49

Leistungsspektrum:
– Trinkwasserversorgung
– Abwasserentsorgung
– Ausbildungsbetrieb im kaufmännischen und technischen Bereich

Der WAV Osterholz ist ein Zusammenschluss von Kommunen und arbeitet ohne Gewinnerzielungsabsicht. Aus diesem Grund können die Leistungen zu sehr günstigen Preisen angeboten werden.

www.wav-osterholz.de

LANDMANN GmbH & Co. Handels-KG

LANDMANN ist eine der führenden europäischen Grillmarken und als Markenhersteller weltweit mit eigenen Vertriebs- und Einkaufsgesellschaften aktiv, neben Europa u. a. in Australien, China und den USA.

Das Unternehmen gilt als Initiator des deutschen Grillbooms. Am Anfang standen der Pioniergeist und das Gespür eines Bremer Kaufmanns für einen neuen, vielversprechenden Markt: 1966 gründete Bernd Hockemeyer in Osterholz-Scharmbeck die LANDMANN GmbH für den Vertrieb von in Kanada georderten Grillgeräten. Er war es, der das Grillen nach Deutschland brachte, wo man für die neue Freizeitbeschäftigung sofort Feuer und Flamme war.

Schon früh wurden die Weichen für die internationale Ausrichtung des Unternehmens gestellt. Dass LANDMANN dabei bis heute vollständig in Familienbesitz geblieben ist, hat sich als Erfolgsmodell erwiesen: Die weltweite Expansion wurde kontinuierlich und mit Weitsicht gemanagt. Auch in Zukunft sollen internationale Ressourcen immer besser genutzt werden, um die Marke weltweit zu etablieren.

Mit seinem Produktsortiment zeigt das Unternehmen, wie innovativ die Branche sein kann. LANDMANN steht heute mehr denn je für Grillvielfalt, bei den Geräten wie beim Zubehör. Unter dem Dach einer starken Marke schafft LANDMANN gleichzeitig attraktive BBQ-Welten, zugeschnitten auf den Lebensstil der unterschiedlichen Konsumentengruppen.

Mit dem angestammten Firmensitz in Osterholz-Scharmbeck fühlt sich LANDMANN nach wie vor eng verbunden. Das moderne Firmengebäude ist ein Bekenntnis zum Ursprungsort – wo 1966 alles begann. ■

LANDMANN-Firmengebäude in Osterholz-Scharmbeck bei Bremen

Großflächiger Dauerausstellungsbereich

Auf einen Blick
Gründungsjahr: 1966

Leistungsspektrum:
Grillgeräte und -zubehör

Marke: LANDMANN

www.landmann.com

WIRTSCHAFTSSTANDORT OSTERHOLZ

Auf einen Blick
Gründungsjahr: 1902
Mitarbeiter: 30

Produktspektrum:
Tomaten-Ketchup
Curry-Ketchup
Schaschlik-Sauce
Gewürz-Ketchup mild
Gewürz-Ketchup scharf
Zigeuner-Sauce
Barbecue-Sauce
Curry-Sauce
China-Sauce
Curry-Ketchup Hot!
Worcestershire-Sauce
Helle Worcestershire-Sauce
Soja-Sauce

www.zeisner.de

Hauptsitz von Zeisner & Co. in Grasberg

Zeisner Feinkost GmbH & Co. KG

Mit Pioniergeist und dem richtigen Gespür gründete der Bremer Kaufmann Waldemar Zeisner im Jahr 1902 das Unternehmen, welches sich bis heute in Familienhand befindet. Aus England importiert er Feinkost-Saucen und beginnt nach kurzer Zeit, eine Reihe dieser Produkte selbst herzustellen. Dabei kreiert er mit seiner Frau Juliane jene erlesenen Gewürzmischungen, die noch heute die Grundlage für den besonderen Geschmack der Zeisner-Saucen bilden.

Diese Beständigkeit, die konsequente Kundenorientierung und die hohe Identifikation mit den Produkten machen die Ketchups und Saucen von Zeisner zu einer Erfolgsstory, die weit über die Grenzen Deutschlands hinausreicht. In Belgien gehört Zeisner zu den führenden Ketchup-Marken – auch in den USA sind die Produkte des Grasberger Unternehmens überaus beliebt.

Das Herz des Unternehmens ist der Gewürzraum; hier entstehen aus edlen Gewürzen durch erfahrene Hand die seit Generationen überlieferten Gewürzmischungen. Die Kompositionen haben sich seit den Gründertagen nur um feine Nuancen geändert. Daneben sorgen weitere erstklassige Zutaten wie ein ausgesuchtes fruchtiges Tomatenmark für den speziellen Geschmack der Zeisner-Ketchups.

„Der schönste Erfolg ist es, ein Produkt herzustellen, das dem Verbraucher schmeckt", sagt Thomas Zeisner. Mit Leidenschaft zum bestmöglichen Geschmack – diese Devise hat bei Zeisner stets Gültigkeit.

Blick in die Gründerzeit: Seit vier Generationen wird das Unternehmen durch die Familie Zeisner geführt.

49

Auf einen Blick
Gründungsjahr: 1945
Mitarbeiter: 20
Leistungsspektrum:
– Dächer (Ziegeldächer, Schieferarbeiten, Flach- und Industriedächer, Spezialdächer)
– Dachfenster (VELUX)
– Solar-Fotovoltaik
– Klempnerarbeiten (u. a. Dachrinnenmontage, Kupfereinfassungen, Blei- und Zinkverarbeitung, Spezialanfertigungen)
– Balkonbeschichtung

www.haarde-dachdecker.de

Das kompetente Haarde-Team aus Ritterhude

Bedachungsgesellschaft Haarde GmbH & Co. KG

Was vor über 70 Jahren mit einer kleinen Dachdeckerei begann, ist heute ein führendes Unternehmen auf dem Gebiet Bedachungen.
Der Familienbetrieb – mit 20 Beschäftigten – führt sämtliche Arbeiten der Dach-, Wand- und Abdichtungstechnik sauber und fachgerecht aus. Von Ziegeldächern über Industrie- bis hin zu Spezialdächern (Käseglocke in Worpswede) kann der Betrieb alles im Bereich Dach kompetent umsetzen. Dazu gehören auch Dachfenster, Fotovoltaikanlagen oder verschiedenste Klempnerarbeiten sowie Balkonbeschichtungen mit Flüssigkunststoff.
Wer „Dach" sagt, meint Haarde – ein Unternehmen, das Erfahrung und Innovation erfolgreich verbindet. ∎

Auf einen Blick
Gründungsjahr: 1985
Mitarbeiter: 12 und
4 Auszubildende
Leistungsspektrum:
– Industrietechnik
– Solarstrom/Fotovoltaik
– Heizen und Warmwasser
– Gebäudetechnik
Mitglied bei:
– der Elektro-Innung Osterholz
– dem Zentralverband der Deutschen Elektro- und Informationstechnischen Handwerke

www.blomeelektrik.de

Geschäftsführer Jürgen Blome und Eike Behrens

J. Blome Elektrik GmbH

Als Ansprechpartner für private und gewerbliche Kunden bietet Blome Elektrik ein breites Portfolio rund um die Elektroinstallation – im In- und Ausland. Egal, ob Automatisierungs- oder Steuerungstechnik, Beleuchtung, Pumpen, Rührwerke oder Blockheizkraftwerke – das Fachwissen der Mitarbeiter ist gefragt und hat sich bewährt. Der Erfolg des Unternehmens beruht auf drei Standbeinen: allgemeine Elektroinstallationen mit dem dazugehörigen Kundendienst, dann die Solartechnik sowie die Industrie-Elektronik. Besonders die erneuerbaren Energien nehmen einen bedeutenden Teil ein, dabei ist gerade die private Stromspeicherung ein großes Thema. Aber auch der Bereich Sicherheit spielt eine immer größere Rolle. Kurz gesagt: In der Elektrotechnik gibt es keinen Stillstand – Blome Elektrik ist stets auf dem Weg! ∎

WIRTSCHAFTSSTANDORT OSTERHOLZ

Auf einen Blick
Gründungsjahr: 1891
Mitarbeiter: rund 20

Leistungsspektrum:
– Partner der Gastronomie
– moderne Getränkelogistik
– Erarbeitung von Gastronomie-
  konzepten
– Beratung von Existenzgründern
  in der Gastronomie
– Veranstaltungsequipment

www.hollenbeck-getraenke.de

Hollenbeck Getränkegroßhandel GmbH

Seit vielen Jahren steht der Name Hollenbeck bei unseren Kunden für eine reichhaltige Auswahl an Getränken, zuverlässige Lieferung und freundlichen sowie kompetenten Service. Unser Einzugsgebiet erstreckt sich dabei rund um unseren Stammsitz Osterholz-Scharmbeck. Von Bremen über Delmenhorst, Bremen-Nord, Schwanewede und das Teufelsmoor bis nach Bremerhaven sind wir für Sie da.

Von Beginn an waren die Gastronomie und der Getränkegroßhandel unsere Leidenschaft. Schon seit vielen Jahren sind vielfältige Dienstleistungen rund um die Gastronomie hinzugekommen. Dazu zählen kompetente Beratung für Erfolg versprechende Konzepte, die passenden Pachtobjekte sowie eine faire Finanzierung. Bis heute arbeiten in allen Bereichen des Unternehmens die Nachfahren von Heinrich Hollenbeck, unterstützt von rund 20 Spezialisten der Getränke- und Gastrobranche.

Auf einen Blick
Gründungsjahr: 1997
Mitarbeiter: 27

Leistungsspektrum:
– Beratung und Begleitung
  von räumlichen Veränderungs-
  prozessen
– Innenarchitektur und
  Umzugsmanagement
– Speziallösungen und Service

www.bkefislage.de

Bei BKE Fislage arbeitet ein dynamisches und hochwertig ausgebildetes Team.

BKE Fislage – Visionäre mit Plan, Raum mit Zukunft

Unsere Aufgabe ist es, Unternehmen während Veränderungsprozessen als Begleiter zur Seite zu stehen. Wir unterstützen die Entscheidungsprozesse und erarbeiten Lösungen für räumliche Veränderungen.
Ob Veränderungen in den eigenen Räumen oder ein Standortwechsel, unser Team sorgt für den reibungslosen Ablauf. Durch die Analyse Ihrer Unternehmens-DNA entstehen Lösungen, die individuell für Ihr Unternehmen geschaffen sind. Dadurch entwickeln sich optimierte Arbeitsprozesse und ein verbesserter Workflow, der für das Arbeiten in der Zukunft wichtig ist.
Durch die Digitalisierung und den demografischen Wandel werden Arbeitsprozesse schneller und flexibler. Mit uns an Ihrer Seite können Sie auf die entsprechende Kompetenz vertrauen, Ihr Unternehmen dem Wandel anzupassen und sich den Veränderungen zu stellen.

Stefanie Kettler

Idee. Raum. Erfolg. – NETZ-Zentrum für innovative Technologie Osterholz

Peer Beyersdorffs Augen leuchten, wenn er den Imagefolder der NETZ-Zentrum für innovative Technologie Osterholz GmbH aufschlägt. „Dieser Roboter ist hier in einer unserer Werkstatthallen entstanden", erzählt er stolz. „Hier" ist im Sachsenring im Osterholz-Scharmbecker Ortsteil Heilshorn im GewerbePark A27. Ein Ort, an dem die unterschiedlichsten Unternehmen mit innovativen Ideen aufeinandertreffen.

30 bis 35 Firmen sind ständig im NETZ-Zentrum zu Hause. Es bietet jungen Unternehmern die Möglichkeit, den ersten Schritt in Richtung einer professionellen Zukunft zu machen. Sie können einzelne Büroräume sowie kleinere Hallenflächen als Produktionsstätten anmieten und dabei die gesamte Infrastruktur des Technologie- und Gründerzentrums für sich nutzen – vom repräsentativen Empfang über Besprechungsräume bis hin zu zentralen Druck- und Faxgeräten. Nicht wegzudenken sind auch die leistungsstarken Internetverbindungen via Richtfunkantenne und Glasfaser.

„Junge, innovative Unternehmen können hier einen ganz wunderbaren Start machen und während dieser ersten schwierigen Phase mehrere Jahre bleiben", erzählt Beyersdorff. Kommen Mitarbeiter dazu, mietet man weitere Büros an und muss nicht gleich umziehen, „man kann sich weiter auf sein Kerngeschäft konzentrieren". Als Geschäftsführer und Mann der ersten Stunde hat er das „NETZ" wachsen sehen – und mit ihm seine Mieter.

Natürlich gebe es Firmen, die weitergezogen sind. „Ein Unternehmer kann sich nicht an Gemeinde- oder Kreisgrenzen festhalten, sondern muss dahin gehen, wo sein Markt ist", ist er sich bewusst. Die meisten sind jedoch geblieben oder haben sich mit wachsender Größe an anderer Stelle im Landkreis niedergelassen. „Wir haben einen Standort geschaffen, um Innovationen im Landkreis zu halten", erläutert er die Intention.

Wir, das sind die fünf Gesellschafter: der Landkreis Osterholz, die Stadt Osterholz-Scharmbeck und die Gemeinde Schwanewede, die Volksbank Osterholz eG und die Kreissparkasse Osterholz. „Das Zentrum an sich ist nicht profitabel", unterstreicht Beyersdorff. „Das Gesellschafterdasein ist daher nicht selbstverständlich." Man könne es durchaus als Investition in den regionalen Wirtschaftskreislauf, in die Know-how- und Wissenstransfervermittlung sehen. „Wir sind optimistisch, dass wir wachsen können – dank der Leistung, die die Gesellschafter gemeinsam erbringen."

So ist gerade erst ein erstes Labor im „NETZ" eingerichtet worden, berichtet Peer Beyersdorff – und wieder leuchten seine Augen, während er so erzählt. Flexibel wolle man auf die Bedürfnisse der ansässigen Unternehmen reagieren. „Wir können hier noch einiges machen, wenn wir merken, dass es Potenzial für die weitere Entwicklung gibt."

WIRTSCHAFTSSTANDORT OSTERHOLZ

Das NETZ – landesweit gut vernetzt im Verein der Technologiezentren Niedersachsen (vtn), mit dem interessante Projekte für junge und innovative Unternehmen realisiert werden.

NETZ-Zentrum für innovative Technologie Osterholz GmbH

Das NETZ Technologie- und Dienstleistungszentrum bietet jungen Unternehmen und Existenzgründern einen repräsentativen und professionellen Standort mitten im GewerbePark A27 in Osterholz-Scharmbeck (OT Heilshorn) und damit zentral zu allen strategisch wichtigen, norddeutschen Wirtschaftsstandorten.

Das innovative Technologie- und Gründerzentrum im Landkreis Osterholz stellt moderne Büro- und Hallenflächen inklusive Telefonzentrale, Empfang und vielen weiteren Serviceleistungen für seine Mieter zur Verfügung, die sich so auf das Wesentliche – die Entwicklung ihres Unternehmens – konzentrieren können. Darüber hinaus erhalten Existenzgründer/-innen bei Bedarf umfassende Beratungsleistungen, zum Beispiel zur Fördermittelbeantragung und Finanzierung. Die Gesellschafter des NETZ möchten den Austausch unter den Branchen und den Mietern fördern und somit wichtige Möglichkeiten zum Netzwerken, zu Qualifizierungsmaßnahmen sowie zur Aus- und Weiterbildung schaffen. Mit dem Transferzentrum Elbe-Weser (TZEW) wird der Technologie- und Wissenstransfer optimiert, um bei den Themen Forschung und Entwicklung zielgerichtete Unterstützung und Kontakte in die Hochschuleinrichtungen anbieten zu können. Als Projektträger des Breitband Kompetenz Zentrums Niedersachsen (b|z|n) ist das NETZ außerdem seit Anfang 2008 für den Breitbandausbau in Niedersachsen tätig. Das b|z|n berät und unterstützt niedersächsische Kommunen bei der Planung und Durchführung ihrer Ausbauziele, organisiert Messeveranstaltungen für einen optimalen Austausch untereinander und steht bei allen Fragen rund um das Thema Breitband zur Verfügung.

Auf einen Blick

Gründungsjahr: 2004
Mitarbeiter: 11 (mit Breitband Kompetenz Zentrum)

Leistungsspektrum:
- Technologie- und Gründerzentrum mit 3000 m² und 74 Büros
- Netzwerke, Kontakte
- zentraler Empfang und Telefonservice
- symmetrischer 100 MBit/s Breitbandanschluss
- zentrale Dienstleistungen im EDV und IT- Bereich
- u. v. m.

www.netz-ohz.de

Stefanie Kettler

Breitband Kompetenz Zentrum Niedersachsen

„Man guckt ganz anders hin, wenn man durch die Landschaft fährt. Stehen die Kabelverzweiger noch allein oder sind schon Outdoor-DSLAMs eingerichtet? Das ist spannend." Peer Beyersdorff ist Leiter des Breitband Kompetenz Zentrums Niedersachen (b|z|n). Seine Intention: die viel zitierten „weißen Flecken" im NGA-Atlas schwarz markieren zu können.

NGA-Atlas steht für „Next Generation Access"-Atlas, die Farbe Schwarz in diesem Fall für eine Internetverbindung von mindestens 30 MBit/s. „Es wächst eine Generation heran, die sich ein Leben ohne gute Internetversorgung nicht vorstellen kann", sagt Beyersdorff. „Ob das alles so gut ist, sei dahingestellt." Aber: „Generell werden sich die Lebensverhältnisse weiter in Richtung Internet verändern." Er zählt das Beispiel Industrie 4.0 auf, die Arbeit im Home Office und für die Schule, den virtuellen Arztbesuch, wie er in anderen Ländern längst Alltag ist. „Das ist Zukunftsmusik, aber wir müssen den Weg mitgehen, um in der Fläche wettbewerbsfähig zu bleiben."

Wettbewerbsfähigkeit ist das Wort, das sich wie ein roter Faden durch die Entwicklung des b|z|n zieht. Projektträger der Einrichtung ist das NETZ Technologie- und Dienstleistungszentrum Osterholz. Als das NETZ im Gewerbepark Heilshorn gegründet wurde, war Internet an diesem Ort kein Thema. Zwei ISDN-Leitungen waren vorhanden, das Angebot der Telekommunikationsanbieter für den Ausbau lag im sechsstelligen Euro-Bereich. „Ohne starke Internetleitung geht es aber nicht." So investierte man in Richtfunk. Die Antennenanlage bietet eine symmetrische Breitband-Internetverbindung, die auch von den umliegenden Unternehmen genutzt wird.

„Wir haben uns aus dem konkreten Bedarf heraus gekümmert", erzählt Beyersdorff in seiner Funktion als Geschäftsführer des NETZ-Zentrums. Im Rahmen einer IHK-Veranstaltung in Stade seien danach erste Kontakte zum Wirtschaftsministerium entstanden, Breitband war gefragt – „die Drähte sind heiß gelaufen". 2007 gab es ein erstes Vorprojekt, in dem die Rahmenbedingungen festgelegt werden mussten. „Wir mussten das Wie erklären, ohne dafür eine Blaupause zu haben."

Ein Jahr später wurde das b|z|n aus der Taufe gehoben. Es ist gleichermaßen zentrale Schnittstelle zwischen den Mitgliedern der Breitbandinitiative Niedersachsen wie kompetenter Ansprechpartner für Kommunen und Provider bei allen Fragen zum Breitbandausbau. „Wir sind die Einrichtung mit der meisten Breitbanderfahrung", sagt Peer Beyersdorff nicht ohne Stolz.

WIRTSCHAFTSSTANDORT OSTERHOLZ

Beim Kommunalen Breitband Marktplatz in der Stadthalle Osterholz-Scharmbeck kommen regelmäßig wichtige nationale und internationale Partner zum Breitbandausbau zusammen.

Breitband ist nicht mehr nur ein Schlagwort. Nicht länger nur auf Landes-, sondern auch auf Bundesebene werden Fördermittel bereitgestellt, um die Breitbandstrategie zu verwirklichen. „Massive Mittel" aus dem Konjunkturpaket II, die für den Ausbau des schnellen Internets bereitgestellt wurden, haben niedersachsenweit „einen super Ausgangspunkt geschaffen".

Der Landkreis Osterholz hat für den Ausbau in seinem Bereich noch einmal 2,8 Mio. Euro obendrauf gelegt. „Überdurchschnittlich" nennt der Experte den Status quo: Rund 38 000 Gebäude sind kreisweit erfasst, nur 5200 verfügen nicht über die Möglichkeit einer 30 MBit/s-Versorgung. „Darauf kann man stolz sein, es ist schon vieles erreicht", unterstreicht Beyersdorff: „Die schönste Landesstrategie nutzt nichts, wenn sie regional nicht aufgenommen wird." Am Horizont zeichnet sich schon heute die „Gigabit-Gesellschaft" ab. Bis dahin ist es noch ein weiter Weg, auf dem der Landkreis Osterholz jedoch auf das b|z|n zählen kann. ■

Auf dem Breitbandgipfel in Osterholz-Scharmbeck berichten Verwaltung und Politik aus Niedersachsen regelmäßig über die Ausbaufortschritte.

55

Stefanie Kettler

Energiewende Osterholz 2030: Der Wandel läuft

„Unser Weg in eine sichere, umweltverträgliche und wirtschaftlich erfolgreiche Zukunft", so gibt das Bundesministerium für Wirtschaft und Energie das Ziel der Energiewende vor. Die Umsetzung dieser Forderung liegt jedoch vorrangig in den Händen von Ländern und Kommunen. Gemeinsam mit Stadt und Gemeinden setzt sich der Landkreis bereits seit 2008 für die Realisierung der „Energiewende Osterholz 2030" ein: Bis 2030 soll der Energieverbrauch im Kreisgebiet bilanziell ausschließlich mit im Kreis produzierten erneuerbaren Energien gedeckt werden. Für dieses Engagement ist der Kreis als „100% Erneuerbare-Energien-Region" ausgezeichnet worden.

„Ein wirksamer Beitrag zum Klimaschutz und die Steigerung der Lebensqualität, regionale Wertschöpfung und eine Stärkung der regionalen Unabhängigkeit" bleiben unter dem Strich, summiert man die Einzelelemente der „Energiewende Osterholz 2030". Über 200 Mio. Euro werden jährlich für Energie ausgegeben – allein im Landkreis Osterholz. Einen möglichst hohen Anteil dieser Summe als Kaufkraft im Kreis zu halten, ist ein Ziel des Gemeinschaftsprojektes. Weitere Kernpunkte der „Energiewende Osterholz 2030" markieren die Steigerung des Eigenverbrauchs an lokal erzeugter Energie und die Senkung des Energieverbrauchs durch Energieeinsparmaßnahmen, etwa energetische Gebäudesanierungen.

Mit gutem Beispiel voran geht der Landkreis in puncto energetische Sanierung und hat hierzu eine Klimaschutzmanagerin eingestellt. Die Expertin nimmt den Gebäudebestand des Landkreises genauestens unter die Lupe, damit er energetisch auf den neuesten Stand gebracht werden kann.

Ein weiterer Baustein der „Energiewende Osterholz 2030" ist das Solardachkataster. Online können sich Bürger und Unternehmen anhand einer Übersichtskarte kostenlos darüber informieren, ob ihre Immobilie für den Einsatz einer Solaranlage geeignet ist. Einfach Adresse eingeben, farbige Kennzeichnung mit der Legende abgleichen, fertig. Ein Wirtschaftlichkeitsrechner gibt außerdem Auskunft darüber, wie hoch die Investitionen und der mittelfristig wirtschaftliche Nutzen einer Solaranlage sein werden.

Auch nach der Reform des Erneuerbare-Energien-Gesetzes ist „eine wirtschaftlich sinnvolle Nutzung der Solarenergie sowohl für viele Privathaushalte als auch für Unternehmen gut möglich", betont die Kreisverwaltung. Sie koordiniert im Rahmen des Regionalmanagements die einzelnen Bausteine der „Energiewende Osterholz 2030" und ermutigt deutlich dazu, in den Ausbau von erneuerbaren Energien zu investieren. An der Pestalozzischule und am Kreishaus II (Osterholz-Scharmbeck) beispielsweise hat der Kreis selbst eine derartige Anlage errichtet. Ein Impuls, insbesondere auch an die jüngere Generation, sich mit Energieerzeugung aus erneuerbaren Quellen zu beschäftigen.

Neben der Sonne wird vor allem Wind verstärkt genutzt, um Energie zu erzeugen. Einer der wichtigsten Bausteine der Energiewende Osterholz 2030. Durch ein Regionales Raumordnungsprogramm (RROP) wurden Flächen ausgewiesen, auf denen Windkraftanlagen gebaut werden. Viele neue Anlagen sind bereits entstanden. Am Ende der Entwicklung wird im Landkreis mehr Strom aus erneuerbaren Energien erzeugt als vor Ort verbraucht wird. ■

WIRTSCHAFTSSTANDORT OSTERHOLZ

Auf einen Blick

Leistungsspektrum:
für Bürger:
– energetische Sanierung
– Solarenergie
– unabhängige Energieberatung
– Solardachkataster
für Unternehmen:
– unabhängige Energieberatung
– Fördermittelberatung

www.energiewende-osterholz.de
www.landkreis-osterholz.de

Eine Solaranlage hilft, die eigenen Stromkosten erheblich zu reduzieren.

Landkreis Osterholz – Energiewende 2030

Energie ist eines der Schlüsselthemen unserer Zeit. Die Frage, ob und wie es uns gelingt, unsere Energieerzeugung und den Energieverbrauch radikal zu verändern, wird über die Zukunftsfähigkeit unserer Wirtschaft und die Qualität unseres Lebensumfeldes entscheiden.

Der Landkreis setzt sich bereits seit 2008 zusammen mit Stadt und Gemeinden für die Realisierung der „Energiewende Osterholz 2030" ein. In diesem gemeinsamen, landkreisweiten Prozess sollen bis zum Jahr 2030 die Weichen für die langfristige und nachhaltige Entwicklung der Region gestellt werden.

Die Realisierung dieses ambitionierten Projektes erfordert sowohl eine Umstellung der Energieerzeugung als auch eine Reduzierung beim Energieverbrauch. Das übergeordnete Ziel der Energiewende Osterholz 2030 besteht in einer bilanziellen Versorgung im gesamten Gebiet des Landkreises aus 100 Prozent erneuerbaren Energien bis zum Jahr 2030 und ruht auf drei Säulen:

– Ausbau der erneuerbaren Energien im Landkreis
– Senkung des Energieverbrauchs durch Energiesparmaßnahmen, wie zum Beispiel energetische Gebäudesanierungen oder energieeffiziente Neubauten
– Steigerung des Eigenverbrauchs an lokal erzeugter Energie

Die Fortschritte bei der Erzeugung von Strom aus erneuerbaren Quellen und deren Anteil am Energieverbrauch werden im jährlichen Energiemonitoring für den gesamten Landkreis abgebildet.

Aus der Energiewende Osterholz 2030 ergeben sich für Landkreis, Stadt und Gemeinden vielfältige positive Wirkungen in Bezug auf einen effektiveren Klimaschutz, eine Anhebung der regionalen Wertschöpfung, eine stärkere regionale Unabhängigkeit sowie eine Verbesserung der Lebensqualität aller Einwohnerinnen und Einwohner des Landkreises.

Hausbesitzer haben mehrere Ansatzpunkte, um selbst in der Energiewende aktiv zu werden: So können diese zum Beispiel durch verschiedene Maßnahmen den energetischen Zustand ihrer Immobilie optimieren oder produzieren durch die Installation einer Fotovoltaikanlage auf dem Dach selbst Strom und werden so vom passiven Verbraucher zum Energieerzeuger.

In Zeiten steigender Strompreise kann durch die Eigenversorgung mit Energie eine erhebliche Reduzierung der Stromkosten erzielt werden. Auch in den Bereichen Wärmegewinnung und Heizen bestehen zum Beispiel durch die Installation von Solarthermiekollektoren oder die Erneuerung der eigenen Heizungsanlage erhebliche Sparpotenziale.

Und für Unternehmen hält der Landkreis Osterholz ein bedürfnisorientiertes Beratungsangebot vor, dass Lösungen für spezifische Fragestellungen anbietet und über bestehende Fördermittelprogramme informiert. ■

EWE AG – Energie für heute und morgen

Zur EWE-Gruppe gehören mehrere Unternehmen, die in den Bereichen Energie, Telekommunikation und Informationstechnologie tätig sind. Diese breiten Kompetenzen nutzt EWE, um die Energiewende im Nordwesten voranzubringen.

Im Landkreis Osterholz hat EWE ebenso wie in anderen Landkreisen und Städten im Nordwesten Niedersachsens eine zuverlässige Versorgungsinfrastruktur für Strom, Erdgas und Telekommunikation aufgebaut. An vielen Standorten in seinen Vertriebsgebieten ist der regionale Energiedienstleister für Kommunen, Geschäfts- und Privatkunden vor Ort präsent. Interessierte Kunden finden im Landkreis Osterholz an verschiedenen Standorten persönliche Ansprechpartner zu allen Themen rund um Energie und Telekommunikation. EWE unterstützt sie mit fachkundiger Beratung, speziellen Produkten und Dienstleistungen bei der effizienteren und sparsameren Anwendung von Energie. ■

Auf einen Blick
Gründungsjahr: 1930
Mitarbeiter: rund 9000 (Konzern)

Leistungsspektrum:
– Stromversorgung
– Erdgasversorgung
– Energiedienstleistungen
– Telekommunikation
– Breitbanderschließung –
  IT-Unternehmensberatung
– Trinkwasserversorgung
– Abwasserreinigung
– Umweltdienstleistungen

Persönliche Beratung direkt vor Ort – EWE AG

Unternehmensstandorte:
Nordwest-Niedersachsen, in Landesteilen Brandenburgs und Mecklenburg-Vorpommerns sowie in Regionen Polens und der Türkei

www.ewe.de

WIRTSCHAFTSSTANDORT OSTERHOLZ

Osterholzer Stadtwerke –
Immer in Ihrer Nähe und engagiert für die Region

Die Osterholzer Stadtwerke sind der lokale Energieanbieter im Landkreis Osterholz. In allen sieben Kommunen haben deren Strom- und Erdgaskunden einen ganz kurzen Weg zum örtlichen Kundenzentrum. Energiesparen ist dort ein sehr wichtiges Thema. In den drei Stammgebieten engagieren sich die Mitarbeiter rund um die Uhr für die sichere und zuverlässige Versorgung mit Energie und Trinkwasser. Zusätzlich übernimmt das Unternehmen auch kommunale Aufgaben – von der Abwasserentsorgung bis zur Straßenbeleuchtung. Darüber hinaus trägt das Unternehmen im Landkreis in vielfältiger Weise zur Wirtschaftskraft und Lebensqualität bei, u. a. als Auftraggeber, Arbeitgeber, Ausbildungsbetrieb und Förderer.

Der Hauptsitz in Osterholz-Scharmbeck

Die Energiespar-Tipps von Klaus Brinkmann (rechts) und Klaus-Jürgen Pika sind bei den Kunden sehr gefragt.

Auf einen Blick
Gründungsjahr: 2010
Mitarbeiter: 157

Leistungsspektrum:
– Versorgungsdienstleister für Strom, Gas, Wasser und Wärme
– Abwasserentsorgung
– Straßenbeleuchtung
– Ausbildungsbetrieb

Kundenzentren:
Grasberg
Hambergen
Lilienthal
Osterholz-Scharmbeck (Hauptsitz)
Ritterhude
Schwanewede
Worpswede

www.osterholzer-stadtwerke.de

Stefanie Kettler

Der Campus für lebenslanges Lernen

Es hat den Sprung in die Standardwerke für Architekten geschafft, das Goethe-Institut und die Montag Stiftung bezeichnen es als „herausragend": Das Campus-Projekt lässt Pädagogen wie Stadtplaner interessiert nach Osterholz-Scharmbeck blicken. Stadt und Kreis können seit der Realisierung zu Recht mit dem Attribut „Bildungsstandort" für sich werben.

Campus-Botschafter steht auf der Visitenkarte von Jörg Fanelli-Falcke. Er hat als ehemaliger Stadtplaner im Osterholz-Scharmbecker Rathaus das Projekt von der ersten Idee an begleitet. „Wir sprechen heute von Wissensgesellschaft. Das Lernen verändert sich, Bildung ist nicht mehr belehrend, sondern begleitend. Und wir müssen die Gebäude, in denen Bildung zu Hause ist, dem anpassen können, was die Zukunft erfordert."

Der Campus lebt diesen Grundsatz: Das Lernhaus beheimatet eine moderne Oberschule – frühzeitige Berufsorientierung und ganzheitliche Persönlichkeitsentwicklung markieren ihre Schwerpunkte. Im Medienhaus wird der Erwerb von Medienkompetenz unterstützt. Neben Mensa und Aula sind hier auch das Kreismedienzentrum, das Kreisarchiv sowie die Kreis- und Stadtbibliothek untergebracht. Drittes Element ist das Bildungshaus, in dem Weiterbildung mit niedrigschwelligen Beratungsangeboten kombiniert wird. Und auch das bestehende Gymnasium wurde in den Campus integriert.

Hinter dieser besonderen Kombination verschiedener Bildungselemente an einem Standort stecken verschiedene Ansatzpunkte – pädagogischer, sozialgesellschaftlicher und auch städtebaulicher Natur. „Aus dem Lernprozess der Sozialen Stadt (ein Programm der deutschen Städtebauförderung) haben wir erfahren, dass wir Schule anders machen müssen", sagt Fanelli-Falcke. Die Integration junger ausländischer Schüler sei schwierig, wenn ihre Eltern eine ganz andere Kultur lebten, auch für die Schüler selbst. „Wir müssen ihre Werte beachten und wahren, aber dürfen sie bildungstechnisch nicht vernachlässigen. Bildung ist der ausschlaggebende Punkt, wenn man die Stadtgesellschaft vereinen will."

Gleichzeitig habe man aus städtebaulicher Sicht „das hinterfragt, was uns die Bevölkerungsstruktur und unsere Randlage zur Großstadt bieten, mit allen Problemen und Gegebenheiten". Herausgekommen sei, dass Osterholz-Scharmbeck zwar Wohnstandort sei, aber dieser Status allein nicht ausreiche. Vielmehr müsse man sich auch als Bildungsstandort wahrnehmen. Die Schul- und Bildungslandschaft lasse durch eine sinnvolle Ergänzung durchaus den Leitsatz „lebenslanges Lernen" zu.

„So haben wir eine Oberschule entwickelt, als das Land eine solche Schulform noch gar nicht vorgesehen hatte", sagt Fanelli-Falcke. Der Campus-Standort zwischen Gartenstraße und Bahn sei gezielt gewählt, um einem durch den demografischen Wandel begründeten „Trading-Down"-Prozess entgegenzusteuern. „Es herrschten soziale Disparitäten. Indem wir diesen Bildungspunkt gesetzt haben, haben wir das 1950er-Jahre-Gebiet aufgewertet.

Stadtentwicklung und Bildung haben eine gemeinsame Sprache gefunden. „Ein Inklusionsprozess", sagt Jörg Fanelli-Falcke, an dessen Ende der Campus entstanden ist. Und auch wenn es eine städtische Einrichtung ist: „Hätte der Landkreis nicht mitgemacht und diesen Geist mitgelebt, wäre der Campus nicht möglich gewesen." ■

WIRTSCHAFTSSTANDORT OSTERHOLZ

Herausragende Archtitektur und Bildungsmöglichkeiten: der Campus in Osterholz-Scharmbeck

Die Bildungsstätte Bredbeck ist die Heimvolkshochschule des Landkreises Osterholz mit ganzheitlichem Seminarangebot.

Stefanie Kettler

Bildungsstandort Bredbeck

Bredbeck bedeutet Ruhe und Erholung, Lernen und Erfahren, Kunst und Kultur. In der naturbelassenen Umgebung des Tagungshauses zwischen Teichen und alten Bäumen bleibt im wortwörtlichen Sinne Raum und Zeit für Bildung. Doch Bredbeck ist noch viel mehr. Es ist ein Ort der Begegnung zwischen den Kulturen.

Die Bildungsstätte ist die Heimvolkshochschule des Landkreises Osterholz. Hinter dem Begriff verbirgt sich eine Einrichtung der (jungen) Erwachsenenbildung, die sich in Bredbeck unter dem Leitsatz „Leben und Lernen unter einem Dach" als ganzheitliches Lernangebot versteht, das sich nicht auf die Stunden im Seminarraum begrenzen lässt. Politische Bildung, Fortbildung von pädagogischen Fachkräften, kulturelle Bildung und internationale Begegnung machen dabei die Schwerpunkte aus.

Und tatsächlich erlebt man in Bredbeck mehr als reine Bildung. Ausstellungen und Aufführungen im historischen Gutshaus geben der Kreativität einen Platz. Gleich nebenan im Hochseilgarten geht es währenddessen um das gemeinschaftliche Bewältigen von Hindernissen, um Teambuilding. Zur selben Zeit kann man aber auch in der weitläufigen Parkanlage seinen Gedanken freien Lauf lassen.

„Mit Herz, Hirn und Hand" und „Der Mensch im Mittelpunkt" – so beschreibt die Bildungsstätte ihr Selbstverständnis und ihre Wertvorstellungen in ihrem Leitbild. Und man glaubt es ihr: In den über 40 Jahren ihres Bestehens haben unzählige Menschen erlebt, dass das nicht nur Worte sind. ■

Stefanie Kettler

Gemeinsam mehr erreichen – der LEADER-Ansatz

Mit diesem LEADER-Projekt konnte die historische Gloger-Orgel von 1762 als Neubau in der Zionskirche in Worpswede rekonstruiert werden. Die neu entstandene Ahrend-Orgel orientiert sich in der Bauweise und im Klang an der Gloger-Orgel, weist aber auch Elemente der Orgelbauten des 19. und 20. Jahrhunderts auf. Im Rahmen der Orgelmusiken der Zionskirche werden nationale und internationale Organisten der Spitzenklasse eingeladen.

Es ist ein Ort des Lernens und des Gedenkens an die Opfer des Zweiten Weltkrieges: Das ehemalige Zwangslager „Baracke Wilhelmine" in Schwanewede hat sich seit 2014 zu einer Einrichtung entwickelt, die ein Stück Regionalgeschichte erzählt und bewahrt. Es geht um Kriegswirtschaft, NS-Lagersysteme, den Bau des nahe gelegenen U-Boot-Bunkers „Valentin" in Bremen-Farge sowie die spätere Nutzung als Hospital. Ohne Ehrenamt wäre diese Entwicklung nicht möglich gewesen. Die Mitglieder der Heimatfreunde Neuenkirchen e. V. betreuen die „Baracke Wilhelmine", seitdem das Gelände von der Gemeinde aus den Händen der Bundeswehr übernommen wurde. „Wir wollen unsere Heimatgeschichte unseren Mitgliedern und Mitbürgern greifbar und verständlich machen und für unsere Nachfahren erhalten", beschreibt der Verein seine Intention, als Träger des Dokumentations- und Lernortes unzählige Stunden ehrenamtlicher Arbeit zu investieren.

So kann man es durchaus als Anerkennung ehrenamtlichen Engagements bezeichnen, wenn die Sprache auf die Förderung des Projektes durch LEADER-Mittel kommt. LEADER ist ein methodischer Ansatz der Regionalentwicklung, der es lokalen Akteuren ermöglicht, regionale Prozesse mitzugestalten. Von der EU-Förderung profitieren verschiedene Regionen. Voraussetzung ist unter anderem ein regionales Entwicklungskonzept (REK), wie es auch unter dem Namen „Kulturlandschaften Osterholz" geschrieben wurde. Finanziert wird dieses Programm aus dem „Europäischen Landwirtschaftsfonds für die Entwicklung des ländlichen Raums (ELER)".

In der Förderperiode 2007 bis 2013 haben sich die Heimatfreunde Neuenkirchen im REK-Handlungsfeld „Regionalgefühl und Regionalmarketing" für eine Zuwendung beworben. Und tatsächlich flatterten dem Vorstand mit dem positiven Förderbescheid gute Nachrichten ins Haus. Mithilfe der EU-Mittel konnte die Gebäudesubstanz des Museums weiter verbessert werden. Das Dach sowie Fenster und Türen wurden instandgesetzt beziehungsweise energetisch modernisiert. Fenster und Türen wurden dabei dem historischen Vorbild entsprechend rekonstruiert.

WIRTSCHAFTSSTANDORT OSTERHOLZ

Auch im Kreishaus freute man sich mit den Neuenkirchenern, die wie viele weitere Projektträger in den Kulturlandschaften Osterholz von den Fördermitteln profitieren konnten. Viele Ideen und Projekte wären ohne diese Förderung kaum umsetzbar gewesen, ist man sich bewusst. Demzufolge hat der Landkreis Osterholz gemeinsam mit seinen kommunalen Institutionen sowie diversen Wirtschafts- und Sozialpartnern das Regionale Entwicklungskonzept für die Umsetzung von LEADER in der neuen Förderperiode (2014 bis 2020) fortgeschrieben.

„LEADER zeigt immer wieder, das es sich lohnt, sich für etwas einzusetzen", heißt es in der Kreisverwaltung. Es haben selbst scheinbar kleine Projekte die Chance, von dem EU-Fördertopf zu profitieren. „Wir wollen die Menschen einfach ermutigen, sich zu engagieren", betonen die Wirtschaftsförderer. So entstehe ein Wir-Gefühl. Die Menschen identifizierten sich noch stärker mit dem, was im Landkreis geschieht, mit seinen Produkten und Unternehmen. „Unser Leitsatz sagt es: Wir schaffen Verbindung." ■

Um weitere attraktive Anlaufpunkte in der Region zu haben, wurde u. a. ein Lehrpfad auf dem Gelände der Bildungsstätte Bredbeck erstellt, der mit seinen elf Lern- und Informationspunkten über Themen wie ländliches Arbeiten und Leben auf der Geest und die Naturlandschaft Geest als Lebensraum informiert.

Stefanie Kettler

Gut leben im Landkreis: familienfreundlich, offen und menschlich

Moin – ein Wort, das alles sagt: Guten Morgen, guten Tag, Mahlzeit, guten Abend. Ein Wort, das im Landkreis Osterholz täglich tausendfach über den Gartenzaun hinweg gesprochen wird. Denn Nachbarschaft wird im Landkreis noch gelebt, ein Stück Wohlfühlkultur fernab der anonymen Großstadt. Der Mensch steht hier im Fokus, es lebt sich gut zwischen Moor und Geest.

Eine hohe Lebensqualität spiegelt das Leben in ruhiger Lage des ländlich dominierten Landkreises. Man hat hier alles, was man zum Leben braucht: Eine lebendige Kreisstadt, in der Behördengänge auf kurzem Weg erledigt werden. Eine attraktive Landschaft mit vielfältigen Freizeitmöglichkeiten. Eine gute soziale Infrastruktur, in der Bildung und Vereinbarkeit von Familie und Beruf eine wichtige Rolle spielen. Eine breit gefächerte Gesundheitsversorgung mit dem zentral gelegenen Kreiskrankenhaus. Und nicht zuletzt ist die Hansestadt Bremen nur einen Steinwurf entfernt.

Der Landkreis investiert gern in seinen Status als „Wohnstandort". Der Traum von den eigenen vier Wänden nimmt im Kreis dank attraktiver Baugebiete schnell Gestalt an. Die Grundstückspreise liegen im Rahmen – Wohnbauland kostet je nach Lage zwischen 60 und 210 Euro pro Quadratmeter. Erschwingliche Gebrauchtimmobilien und ein günstiger Mietspiegel bieten Alternativen zum Neubau.

Familienfreundlichkeit ist das Stichwort nicht nur in puncto Wohnen. „Bildung beginnt für uns vor der Schule", gibt die Kreisverwaltung die Zielrichtung vor. Bundesweit war der Landkreis Vorreiter, als alle Kindergärten und Spielkreise gemeinsam in das Programm „Qualitätsentwicklung in Kindertageseinrichtungen" (QuiK) eingestiegen sind. Eng verzahnt zeigt sich auch die Arbeit von Krippen, Kindergärten und Grundschulen.

Im Familienservicebüro laufen alle Fäden rund um das Thema Kinderbetreuung zusammen. Die Mitarbeiter unterstützen und beraten bei allen Fragen – von der Vermittlung von Kindertagespflegeplätzen bis hin zu Fortbildungen. Denn: „Wer sein Kind in Betreuung gibt, möchte es in guten Händen wissen." Ein Grundsatz, dem auch die ProArbeit als Projektträger von „HIER! Alleinerziehenden-Netzwerk OHZ" folgt. Die ProArbeit ist die Beschäftigungsfördergesellschaft des Landkreises und arbeitet besonders praxisorientiert. Unter ihrer Leitung haben sich Institutionen aus den Bereichen Erziehungs- und Beratungskompetenz sowie Erwerbstätigkeit und Ausbildung zusammengeschlossen, um bestehende Angebote für Alleinerziehende zu verknüpfen und weiterzuentwickeln.

Die Fragen der Vereinbarkeit von Familie und Beruf und einer guten Kinderbetreuung sind bei der Generation 55plus zumeist geklärt. Selbstbestimmt auch im Alter in den eigenen vier Wänden zu leben und eine gute pflegerische Versorgung lösen diese Fragestellungen ab. Und auch hier bietet der Landkreis Lösungen – etwa mit seinem Projekt „Musterhaus zum Wohnen mit Zukunft". Oder dem Senioren- und Pflegestützpunkt als Anlaufstelle für Betroffene und Angehörige. Der Mensch steht hier eben im Fokus. ∎

HIER STEHT DER MENSCH IM FOKUS

Evangelisch-lutherischer Kirchenkreis Osterholz-Scharmbeck

Er ist an Jahren jung, hat aber bereits Tradition: der Kirchenkreis Osterholz-Scharmbeck. Bis 1948 hieß er Kirchenkreis Lesum, mit der Verlegung des Sitzes nach Osterholz-Scharmbeck erhielt er seine heutige Bezeichnung. Im Jahr 1949 wurden die Kirchengemeinden Lesum, Grohn, Aumund und Blumenthal in die Bremische Kirche eingegliedert. Seit dieser Zeit gehören die Gemeinden Bruch, Hambergen, Meyenburg, Osterholz, Scharmbeck, Ritterhude und Schwanewede zu unserem Kirchenkreis.

Später kamen Teile des früheren Kirchenkreises (Trupe-)Lilienthal mit den Gemeinden Grasberg, Hüttenbusch, St. Jürgen, Kirchtimke, Wilstedt und Worpswede, Lilienthal/St.Marien und Lilienthal/Martinsgemeinde hinzu. Zum Kirchenkreis gehören heute auch die Gemeinden Tarmstedt, Pennigbüttel und Scharmbeckstotel.

Aber der Kirchenkreis ist viel mehr mehr als nur ein räumliches Gebilde. Er ist ein lebendiges Netzwerk von Gemeinden, Regionen, von Gremien und gewählten Repräsentanten, die bestimmte Aufgaben erfüllen. Gemeinsam mit unseren Mitgliedern möchten wir offen miteinander kommunizieren und kirchliche Inhalte gestalten – unsere tägliche Arbeit transparent machen und Ihnen vorstellen.

Was tut die Superintendentin in ihrem leitenden Amt? Wie arbeiten der Kirchenkreistag (das „Kirchenparlament") und der Kirchenkreisvorstand (die „Regierung") zusammen? Wie unterstützt das Kirchenamt in Verden die Arbeit? Und wie ist der Kirchenkreis mit dem Sprengel Stade und der Ev. Landeskirche Hannovers verbunden? All diese Fragen und Themen möchten wir Ihnen gerne vorstellen.

Insgesamt lässt sich der Kirchenkreis Osterholz-Scharmbeck als lebendige Einheit beschreiben. Inzwischen haben sich erfolgreiche, Kirchengemeinden übergreifende regionale Strukturen herausgebildet. Diese sind ein gutes Beispiel dafür, dass sich der Kirchenkreis auf dem Weg in die Zukunft im fortlaufenden Wandel befindet – ein Wandel, den wir alle mitgestalten können. ■

St. Willehadi-Kirche in Scharmbeck: erbaut 1745

Auf einen Blick
Mitarbeiter: ca. 400 haupt- und nebenberuflich Beschäftigte
Pastorinnen und Pastoren: 25
Diakoninnen und Diakone: 8
Kirchengemeinden:
16 Gemeinden im Kirchenkreis mit ca. 55 000 Gemeindemitgliedern
Angebot: Gottesdienste und Kirchenmusik, Bildungsangebote, Angebote für Kinder und Jugendliche, Begleitung auf dem Lebensweg: Taufen, Konfirmationen, Trauungen, Jubiläen, Trauerfeiern
Einrichtungen: 9 Kindertagesstätten in 8 Gemeinden in der Trägerschaft des Ev. Kindertagesstättenverbandes Osterholz-Scharmbeck
Friedhöfe: 12

Fachdienste im Diakonischen Werk: Tagesstätte für psychisch erkrankte Menschen, Suchtprävention, Suchtberatung, Schuldenprävention, Schuldnerberatung, Schwangerenkonfliktberatung, Arbeitsstelle für Migration, Jugendhilfe, Täter-Opfer-Ausgleich, ambulanter Hospizdienst, Trauercafé, Anderland: Zentrum für trauernde Kinder und Jugendliche, Gästehaus mit Wärmestube und Tafel, allgemeine Sozialarbeit
Ambulante Pflegedienste:
Diakonische Dienste e. V. und Diakoniestation Tarmstedt
www.kirchenkreis-osterholz.de

Katholische Kirche im Landkreis

Katholiken machen heute annähernd 6 Prozent der Kreisbevölkerung aus. Kirchen-organisatorisch gehören sie zum Bistum Hildesheim. Nach der Fusion zuvor selbstständiger Einheiten gibt es regional nur noch zwei Kirchengemeinden: Schwanewede (Filial-Kirche St. Ansgar) ist Teil von St. Marien Bremen-Blumenthal, der gesamte übrige Landkreis plus einem Teil von Bremen-Nord bildet die Pfarrei „Heilige Familie" Osterholz-Scharmbeck mit Filialkirchen in Lilienthal („Guter Hirt"), Worpswede („Maria Frieden") sowie in Bremen-Marßel („St. Birgitta"). Die vielfältigen Gemeindeaktivitäten finden meist an den Kirchenstandorten statt. Speziell im sozialen und jugendpflegerischen Bereich sind der Caritas-Verband für das Dekanat Bremen-Nord und andere katholische Einrichtungen im Landkreis tätig. ∎

Auf einen Blick
Kirchenmitglieder insgesamt: 6950
Kirchengemeinden:
– Pfarrei Schwanewede als Teil von „St. Marien" in Bremen-Blumenthal
– Pfarrei „Heilige Familie" in Osterholz-Scharmbeck

Zu sehen sind o. l.: die Kirche „Heilige Familie" in Osterholz-Scharmbeck, o. r.: „Guter Hirt" in Lilienthal, u. l.: „Maria Frieden" in Worpswede und u. r.: „St. Ansgar" in Schwanewede.

Besonderheit:
Osterholz-Scharmbeck ist zudem Sitz des zum Militärdekanat Kiel gehörenden, auch für Bremen und Bremerhaven zuständigen katholischen Militärpfarramtes in der Lucius-D.-Clay-Kaserne der Bundeswehr im Stadtteil Garlstedt.

www.heilige-familie-ohz.de
www.sanktmarienzentrum.de
www.bistum-hildesheim.de
www.kmba.militaerseelsorge.bundeswehr.de
www.caritas-bremen-nord.de

Arbeiterwohlfahrt Kreisverband Osterholz e. V.

Die AWO ist ein anerkannter Spitzenverband der Freien Wohlfahrtspflege, in dem sich Frauen und Männer zusammengeschlossen haben, um eine fortschrittliche soziale Arbeit in der Gesellschaft zu leisten. Das sozialethische Fundament und der unverwechselbare sozialpolitische Hintergrund der AWO beruhen auf den in der Tradition der Arbeiterbewegung verankerten Grundwerten Freiheit, Gleichheit, Gerechtigkeit, Toleranz und Solidarität. Im Vordergrund allen Handelns steht der Mensch mit seinen individuellen Fähigkeiten. Neben den vielfältigen Aktivitäten in den Ortsvereinen, deren Schwerpunkt die Altenarbeit ist, bietet der Kreisverband Beratung (z. B. Mutter-/Vater-Kind-Kuren und Wohnberatung), Informationsveranstaltungen (z. B. Vorsorgeordner), „Urlaub ohne Koffer" und Seminare über die Geschichte, Entwicklung und Grundsätze der Arbeiterwohlfahrt an. Die AWO agiert im Kreis Osterholz fast ausschließlich ehrenamtlich. ∎

Auf einen Blick
Gründungsjahr: 1919, im Kreis Osterholz 1947

Leistungsspektrum:
– Altenarbeit
– Beratung (z. B. Mutter-/Vater-Kind-Kuren, ehrenamtliche Wohnberatung)
– Vorsorgeordner
– „Gut versorgt zu Hause"
– „Urlaub ohne Koffer"
– Seminare
– Informationsveranstaltungen

www.awo-kv-osterholz.de

HIER STEHT DER MENSCH IM FOKUS

Stefanie Kettler

Musterhaus zum Wohnen mit Zukunft

Das eigene Haus: Über Jahrzehnte hat man hier gewohnt, gelebt, sich wohlgefühlt. Und nur weil man älter wird, soll das vorbei sein? Der Landkreis zeigt einen von vielen Seiten gelobten Weg auf, wie das Wohnen im Eigenheim auch im Alter ein Selbstverständnis sein kann.

ProArbeit, Landkreis, 20 Handwerksbetriebe und zwei Architekten haben dem Traum vom Altwerden in den vertrauten eigenen vier Wänden ein Gesicht gegeben: Die Türen des Hauses sind breiter als normal, Rampen lassen den Rollstuhl leicht über die Schwelle und in das Innere des Hauses gelangen. Die Arbeitsflächen in der Küche lassen sich mit einem Tisch vergleichen – man unterfährt ihn einfach, um besser an der Küchenzeile arbeiten zu können. Auch das Badezimmer ist rollstuhlgerecht eingerichtet. An der Treppe zum Obergeschoss ist Schluss? Keineswegs: In den ersten Stock geht es bequem mit dem Treppenlift.

Im „Musterhaus zum Wohnen mit Zukunft" werden Perspektiven für das Wohnen im Alter aufgezeigt. Jeder kann die Immobilie besichtigen und eine Vorstellung bekommen, wie das eigene Zuhause auch im Alter bewohnt werden könnte. Es ist kein perfektes Gebäude, das da in der Bahnhofstraße 51 a in Osterholz-Scharmbeck steht. Bewusst haben die Planer eine Immobilie aus den 1960er-Jahren ausgesucht, so wie sie viele ältere Menschen besitzen. In Kooperation mit der Kreishandwerkerschaft Elbe-Weser (Bremervörde–Cuxhaven–Osterholz–Verden) und mithilfe einer breit gefächerten finanziellen Unterstützung durch verschiedenste Akteure ist das Gebäude altersgerecht umgebaut worden.

„Ein Haus der Möglichkeiten", sagt Erste Kreisrätin Heike Schumacher. Ein Teil des Hauses ist komplett barrierefrei gestaltet, andere Bestandteile wurden bewusst baulich nicht verändert. Dort wird mit verschiedenen Hilfsmitteln gezeigt, wie das Leben im Alter auch ohne kostspieligen Umbau des Gebäudes möglich ist. Das Bundesfamilienministerium lobt diesen besonderen Ansatz: Das „Musterhaus zum Wohnen mit Zukunft" ist bundesweit als eines von insgesamt 18 Modellprojekten ausgewählt worden. ∎

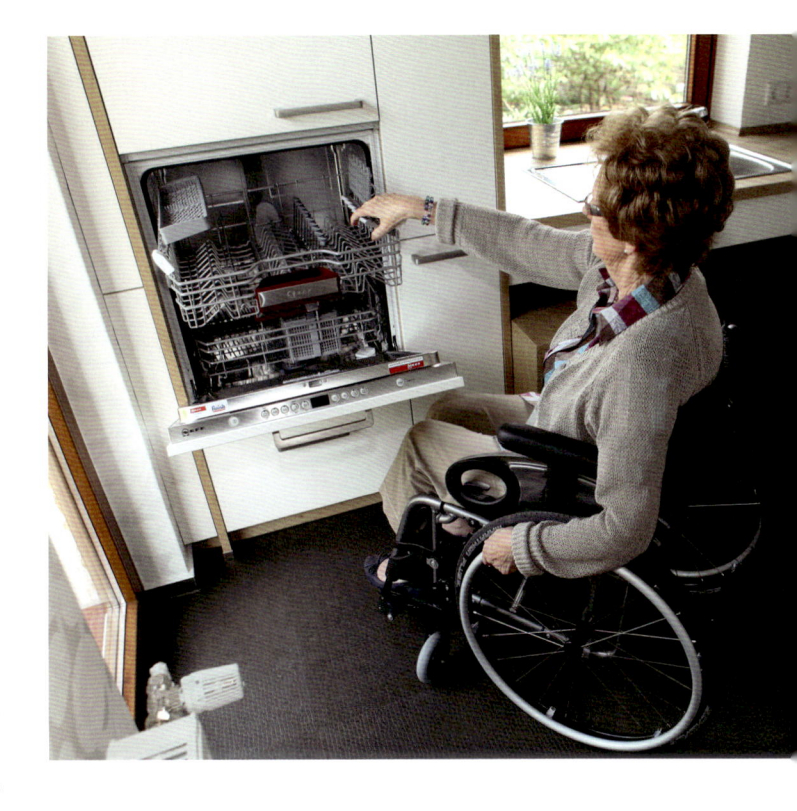

Das Musterhaus zeigt viele Möglichkeiten auf, die den Alltag im Alter in den eigenen vier Wänden erleichtern.

Stefanie Kettler

Der Senioren- und Pflegestützpunkt

Die alte Dame sitzt in ihrem Garten mit Blick auf die Wörpe. Die Hände sind gezeichnet von vielen Jahren harter körperlicher Arbeit, in den tiefen Falten ihres Gesichtes spiegelt sich ein Leben mit Freude und Trauer, mit Siegen und Niederlagen wider. 80 Jahre ist die Frau, die heute auf die Hilfe anderer angewiesen ist. 2030, so sagt es die Statistik des demografischen Wandels, wird es doppelt so viele Menschen in diesem Alter geben.

„Das Thema Pflege besitzt vor dem Hintergrund des demografischen Wandels eine immer wichtigere Bedeutung", erklärt Landrat Bernd Lütjen. Die Struktur früherer Jahre, in denen es selbstverständlich war, seine Eltern oder Großeltern zu pflegen, besteht heute oft nicht mehr. Die Anforderungen in Beruf und Alltag sind gestiegen, die typische Großfamilie existiert kaum noch. Im Landkreis begegnet man dieser Herausforderung mit dem Senioren- und Pflegestützpunkt, der im Kreiskrankenhaus angesiedelt ist.

„Mit steigender Lebenserwartung wächst auch der Bedarf an einer fachkundigen und vor allem unabhängigen Beratung von älteren Menschen und ihren Angehörigen", erklärt Lütjen die Beweggründe des Landkreises, eine solche Institution einzurichten. So stellen Beratungsangebote genauso wie die Vermittlung von Kontakten wichtige Pfeiler des Pflegestützpunktes dar, gleichzeitig sollen in der Einrichtung aber auch vorhandene Beratungsstrukturen und Kompetenzen gebündelt werden. Gelungen ist dies bereits mit den Kooperationen mit dem Seniorenstützpunkt im Familienzentrum Osterholz und dem Seniorenservicebüro des Amtmann-Schroeter-Hauses in Lilienthal, ebenfalls wichtige Anlaufstellen für ältere Menschen.

Wer Kontakt mit dem Senioren- und Pflegestützpunkt aufnimmt, lernt zwei sympathische Beraterinnen kennen. Sie nehmen Betroffene quasi an die Hand, hören zu und loten Lösungsmöglichkeiten aus. Das offene Ohr der beiden Pflegeberaterinnen gilt Pflegebedürftigen wie ihren Angehörigen, aber auch interessierten Bürgern gleichermaßen. „Wichtig ist, dass die Menschen genau die Pflege erhalten, die ihren Bedürfnissen entspricht", sagt Lütjen. Dies sei nur durch eine umfassende Information und Koordination sicherzustellen. Dabei sei ein wichtiges Ziel, dass die Menschen so lange wie möglich durch vernünftige häusliche Rahmenbedingungen oder eine ambulante Pflege in ihrem Wohnumfeld verbleiben könnten. „Dies deckt sich auch mit den Wünschen der meisten Betroffenen", bekräftigt der Landrat.

So wie mit dem der alten Dame, die bis eben auf ihre Familie gewartet hat. Fröhliches Lachen hallt jetzt über den Rasen. Sie schaut ihren Enkeln zu, wie sie durch den Garten toben. Und die vertrauten eigenen vier Wände werden auch weiter ihre gewohnte Umgebung bleiben – mit einigen Veränderungen und Hilfsmitteln und dem Pflegedienst, der sie zweimal am Tag besucht, ist das Leben im Alter für sie ein Stück leichter geworden. ■

HIER STEHT DER MENSCH IM FOKUS

Auf einen Blick
Gründungsjahr: 1994
Mitarbeiter: 41

Leistungsspektrum:
– ganzheitliche Pflege rund um die Uhr
– 8 Doppelzimmer und 24 Einzelzimmer mit eigenem Bad, teilweise mit Balkon
– Aufenthaltsraum
– Pflegepersonal nach dem neuesten Stand ausgebildet
– Dauerpflegeplätze und Kurzzeitpflegeplätze
– gemütliche, familiäre Atmosphäre

In familiärer Atmosphäre den neuen Lebensabschnitt genießen

www.haus-dirschauer.de

Haus Dirschauer GmbH

Haus Dirschauer ist ein seit 1994 bestehendes Altenpflegeheim in Hülseberg, einem Ortsteil von Osterholz-Scharmbeck. 2004 wurde die Einrichtung durch einen Anbau erweitert. Die weiterhin überschaubare Größe des Hauses begünstigt unseren Anspruch auf individuelle Betreuung und Pflege. Der große Garten lädt bei gutem Wetter geradezu zum Verweilen in unserer Sitzecke oder zum Spazierengehen ein. Auf Wunsch können auch eigene Zier- und Nutzbeete angelegt werden.

Die Lage in ländlicher Umgebung, zwischen Osterholz-Scharmbeck – ca. vier Kilometer entfernt – und den bekannten Ohlenstedter Quellseen, im Ortsteil Hülseberg, ist Garant für Ruhe und viel frische Luft.

Die Ausstattung unserer Einrichtung ist auf dem neuesten technischen Stand und basiert auf aktuellen wissenschaftlichen Erkenntnissen. Es sind 8 Doppelzimmer und 24 Einzelzimmer vorhanden, die hell und gemütlich eingerichtet sind. Die Zimmer sind mit einem praktischen eigenen Bad ausgestattet und verfügen teilweise über einen Balkon. Auch ein Telefon- und Antennenanschluss ist in jedem Zimmer installiert. Sämtliche Räume, Gänge und Treppen sind großzügig bemessen und senioren- und behindertengerecht ausgestattet. Ein gut eingerichteter Aufenthaltsraum lädt zur aktiven Betätigung ein.

Die familiäre Atmosphäre halten wir für sehr wichtig. Gerade für Senioren, die ihr Leben jahrzehntelang eigenverantwortlich bestimmt haben, ist die Umstellung auf ein Leben in einem Pflegeheim nicht ganz einfach. Für die Unterstützung in diesem neuen Lebensabschnitt, die freundliche Aufnahme in unserem Haus sowie die individuelle Lösung seniorenspezifischer und anderer Probleme steht Ihnen unser sorgfältig ausgewähltes Fachpersonal gern zur Seite.

Die medizinische Betreuung ist durch die Ärzte der Umgebung abgesichert. Jeder Bewohner hat die Möglichkeit, den Hausarzt seines Vertrauens zu behalten. Auch die Bereiche Krankengymnastik, Logopädie und Ergotherapie werden im Haus abgedeckt. Weiterhin kommen ein Friseur und ein Fußpflegedienst ins Haus. Auch körperliche Gepflegtheit trägt schließlich zum persönlichen Wohlergehen bei.

Stefanie Kettler

Breite Gesundheitsversorgung mit Niveau

Anke ist überglücklich. Drei Jahre lang hat sie auf diesen Tag hingearbeitet, der die Weichen für ihr weiteres Berufsleben stellt. Mit dem Examen endet für sie die Ausbildung an der Gesundheitsschule des Kreiskrankenhauses. Als frisch gebackene Gesundheits- und Krankenpflegerin kehrt sie nun dem Kreiskrankenhaus den Rücken, denn als engagierter Lehrbetrieb bildet es über den eigenen Bedarf hinaus aus. Die Nachfrage ist sogar so groß, dass die Gesundheitsschule den praktischen Teil in Kooperation mit anderen Krankenhäusern, etwa der Klinik Lilienthal, anbieten kann.

„Ich freue mich, dass wir die Ausbildung nach wie vor gewähren können", betont Krankenhausleiter Klaus Vagt. Der Fachkräftemangel ist in Pflegeberufen besonders stark zu spüren. Mit der Unterhaltung der Gesundheitsschule zieht sich der Landkreis als Träger des Kreiskrankenhauses seinen eigenen pflegerischen Nachwuchs heran.

Als das Kreiskrankenhaus vor über 50 Jahren gegründet wurde, war die Gesundheitsschule und damit die praxisnahe Ausbildung, wie sie Anke und ihre Mit-Azubis kennengelernt haben, noch Zukunftsmusik. Ursprünglich sollte das Krankenhaus auch gar nicht am heutigen Standort, sondern im Upmannschen Park an der Bahnhofstraße entstehen. Die Landesdienststellen als unverzichtbare Finanzierungspartner rieten damals davon ab.

„Funktionsgerechtes Zusammenwirken" stand bei der Eröffnung 1957 inhaltlich im Vordergrund – aber auch das menschliche Miteinander. „Diese Nähe ist auch heute noch ein wichtiger Grund, warum die Menschen zu uns kommen und sich den Ärzten, Schwestern, Pflegern und Therapeuten des Kreiskrankenhauses anvertrauen", heißt es in der Krankenhauschronik. Als Mitglied im „Deutschen Netz Gesundheitsfördernder Krankenhäuser und Gesundheitseinrichtungen e. V." ist neben den menschlichen Komponenten ein überdurchschnittliches Qualitätsniveau im Leitbild der Einrichtung verankert. Das bezieht sich sowohl auf die dokumentierte, auf die extern geprüfte als auch in besonderem Maße auf die von Patienten erlebte Qualität.

Ärzte verschiedenster Spezialgebiete und gut ausgebildetes Pflegepersonal kümmern sich im modernen Kreiskrankenhaus um das Wohl ihrer Patienten. Jährlich ergänzen über 43 000 ambulante Behandlungen und mehr als 1000 ambulante Operationen den Betrieb der vier Stationen des Hauses. Auch die Ärztliche Notdienstzentrale des Landkreises ist hier untergebracht.

Untrennbar mit dem Kreiskrankenhaus verbunden sind die weiteren Protagonisten des Gesundheitswesens im Landkreis Osterholz. Viele Fachkräfte fördern auf modernstem Niveau die Genesung und das Wohlergehen der Bevölkerung. In fast jeder Gemeinde gewährleisten niedergelassene Allgemeinmediziner eine wohnortnahe

Fortsetzung Seite 72

HIER STEHT DER MENSCH IM FOKUS

Kreiskrankenhaus Osterholz – mit Nähe zum Patienten

Eine bessere ärztliche Versorgung für die Menschen der Region war die Triebfeder für die Gründung des Kreiskrankenhauses Osterholz im Jahr 1957, auch wenn man es noch nicht so nannte wie heute: Die Nähe zum Patienten und seinem sozialen Umfeld ist das, was schon damals an unserem Haus geschätzt wurde.

Diese Nähe ist den Patientinnen und Patienten sicher auch heute noch wichtig; wichtiger noch ist das medizinische Angebot, eine Versorgung auf fachlich höchstem Niveau in den wichtigsten Bereichen der Gesundheitsversorgung in einer rundum wohltuenden Atmosphäre.

Im Grünen gelegen und mit einer überschaubaren Größe, bietet das Kreiskrankenhaus Osterholz mit seinen Ärztinnen und Ärzten, Schwestern, Pflegern und Therapeuten ein breites Spektrum ambulanter Versorgung in einem Medizinischen Versorgungszentrum und – wenn nötig – eine stationäre Behandlung in den Fachbereichen Innere Medizin, Orthopädie und Unfallchirurgie, Schulterchirurgie, Allgemein-, Viszeral- und Gefäßchirurgie sowie Gynäkologie und Geburtshilfe an.

Das Kreiskrankenhaus Osterholz engagiert sich von Herzen für die Gesundheit seiner Patienten genauso wie für das Wohlergehen seiner Mitarbeiter. Mit dieser Einstellung hat es ein Gesundheitszentrum für den Landkreis Osterholz geschaffen, das über medizinische Kompetenz weit hinausgeht.

Auf einen Blick
Gründungsjahr: 1957
Mitarbeiter: 380

Standort:
Osterholz-Scharmbeck

Fachabteilungen:
– Innere Medizin
– Orthopädie und Unfallchirurgie, Schulterchirurgie
– Allgemein-, Viszeral- und Gefäßchirurgie
– Gynäkologie und Geburtshilfe
– Anästhesiologie und Intensivmedizin
– Radiologie

MVZ Medizinisches Versorgungszentrum/Ambulanzen:
– Gastroenterologische Praxis
– Kardiologische Praxis
– Chirurgische Praxis
– Urologische Praxis
– Kinderärztliche Praxis
– Gynäkologische Ambulanz
– Onkologische Ambulanz
– Radiologische Ambulanz
– Physiotherapie

Gesundheitsschule:
mehr als 80 Ausbildungsplätze

www.kreiskrankenhaus-osterholz.de

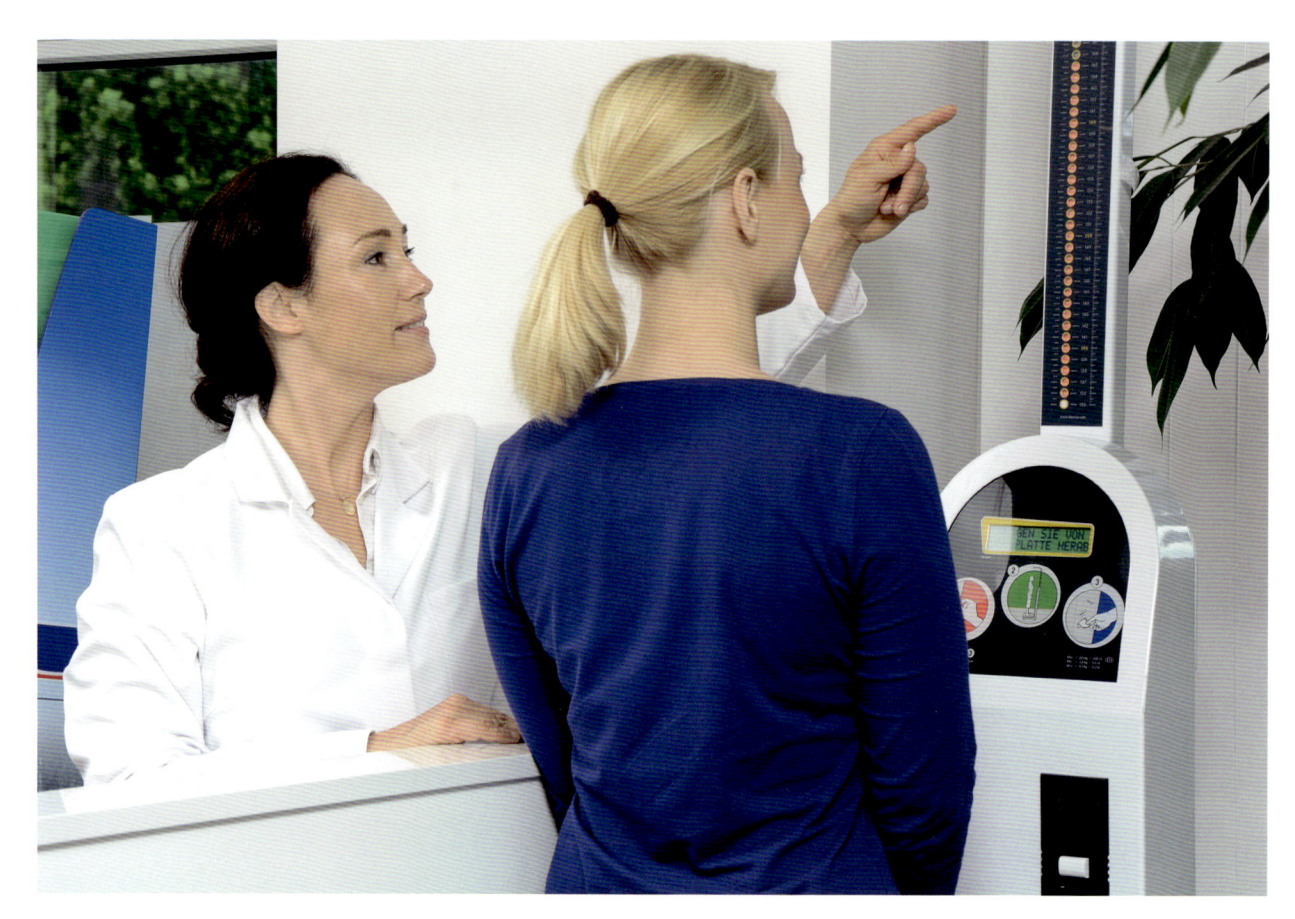

Niedergelassene Allgemeinärzte, Fachärzte und gut geschultes Pflegepersonal sorgen im Landkreis Osterholz für eine breite Gesundheitsversorgung.

hausärztliche Versorgung. Fachärzte – von Chirurgie über Radiologie und Psychiatrie bis zur Gynäkologie – decken mit ihren Praxen den Bedarf weiterführender medizinischer Behandlungen ab. Beratungsstellen und Pflegedienste, Zahnmediziner und weitere Gesundheitsberufe wie Physiotherapeuten oder Logopäden ergänzen den medizinischen Sektor. In Lilienthal betreibt die Artemed Klinikgruppe als zweite stationäre Einrichtung im Landkreis das ehemalige Martinskrankenhaus als „Klinik Lilienthal". Medikamente und Hilfsmittel werden indessen in einem Netzwerk aus Apotheken, Orthopädie- und Sanitätshäusern sowie Hörgeräteakustikern und Augenoptikern angeboten.

Anke war drei Jahre lang Teil dieses Netzwerkes, das das Gesundheitswesen im Landkreis darstellt. Eine respektvolle und fürsorgliche Behandlung, gepaart mit medizinischer Qualität und einer erholsamen Atmosphäre, hat sie im Kreiskrankenhaus Osterholz, dem „Haus im Grünen", gelernt, stellt den Menschen in den Mittelpunkt. Auch wenn sie dem Landkreis nun den Rücken kehrt, um als Gesundheits- und Krankenpflegerin in einem Krankenhaus in einer norddeutschen Großstadt zu arbeiten, wird sie diesen Geist sicher für ihr weiteres Berufsleben mitnehmen. ∎

HIER STEHT DER MENSCH IM FOKUS

Klinik Lilienthal GmbH

Die Klinik Lilienthal gehört seit Januar 2015 zur Artemed-Gruppe und bietet Mitarbeitern ein kollegiales und modernes Umfeld, das sich dynamisch weiterentwickelt.

Viele neue Chefärzte differenzieren stetig das Leistungsspektrum der Klinik weiter aus; zusätzlich entstehen neue Patientenzimmer und ein komplett neuer OP-Trakt.

Mit der breiten internistischen und unfallchirurgischen Versorgung ist die Klinik einerseits erster kompetenter Ansprechpartner für die umliegende Bevölkerung. Gleichzeitig steht Lilienthal für die Spezialversorgung im Bereich der Erkrankungen des Bewegungsapparates, der Verdauungsorgane, in der Haut- und Venenchirurgie sowie in der Elektrophysiologie.

Die Klinik Lilienthal: umgeben von gepflegten Grünanlagen, die zum Spazierengehen einladen

Zentrum für Verdauungsorgane: (v. l. n. r.) Professor Joseph Braun, Dr. Can Yildirim, Dr. Martin Reuther, Dr. Jürgen Gestrich und Dr. Günther Hagemann

Auf einen Blick
Gründungsjahr: 1994
Mitarbeiter: 249

Leistungsspektrum:
- Zentrum für Orthopädische Chirurgie
- Zentrum für die Verdauungsorgane
- Zentrum für Venen- und Hautchirurgie
- Elektrophysiologie
- Innere Medizin
- Allgemeinchirurgie
- Unfallchirurgie
- Anästhesie und Intensivmedizin
- moderne Diagnostik und Versorgung
- menschliche Nähe zu den Patienten
- Kompetenz und Qualität
- enge und kollegiale Zusammenarbeit mit den Hausärzten und weiterversorgenden Kollegen

www.klinik-lilienthal.de

Matthias Jäger

Künstler früher und heute

Alles begann an einem Augusttag des Jahres 1889: Die drei jungen Künstler Fritz Mackensen, Otto Modersohn und Hans am Ende hatten einige Wochen in dem Moordorf Worpswede verbracht, dort gezeichnet und gemalt und die Gegend erkundet. Die Absolventen der Düsseldorfer Kunstakademie waren begeistert von der rauen, kargen Schönheit der Moorlandschaft, von dem weiten Himmel mit seinen dramatischen Wolkenstimmungen, von dem magischen Licht, das Landschaft, Tiere und Menschen so intensiv leuchten ließ. Nun neigten sich die Tage der Sommerfrische dem Ende zu, der Abschied nahte. Und da, an diesem Augustnachmittag, war plötzlich die Idee da: „Wie wäre es, wenn wir überhaupt hier blieben, zunächst mal sicher bis zum letzten Tage des Herbstes, ja, den ganzen Winter. Wir werden Feuer und Flamme, fort mit den Akademien, nieder mit den Professoren und Lehrern, die Natur ist unsere Lehrerin und danach müssen wir handeln." „Ja, das war ein denkwürdiger Tag." So schildert ihn Otto Modersohn in seinem Tagebuch, diesen Moment, der zur Geburtsstunde der Künstlergemeinschaft und Künstlerkolonie Worpswede wurde.

Was in den darauffolgenden Jahren geschah, lässt sich als eine beinahe unglaubliche Erfolgsgeschichte erzählen. Der kühne Entschluss der drei Künstler, sich in Worpswede niederzulassen, lockte weitere Künstler an. Unter ihnen waren Heinrich Vogeler, der 1894 als 21-jähriger ins Künstlerdorf kam, und 1898 die junge Paula Becker, die heute als Paula Modersohn-Becker Weltruhm genießt.

Als Paula Becker nach Worpswede kam, war der Künstlerort bereits in aller Munde. Denn schon 1895 konnten die Künstler der ersten Stunde ihren Durchbruch feiern – mit einer Ausstellung in der Bremer Kunsthalle und im Münchener Glaspalast. Mackensen war in München mit einer Goldmedaille ausgezeichnet worden; Otto Modersohn hatte mit seinem Werk „Sturm im Teufelsmoor" für Aufsehen und Staunen gesorgt. Das bis dahin völlig unbekannte, ärmliche Moordorf Worpswede hatte über Nacht nationale Berühmtheit erlangt.

Die jungen Worpsweder Künstler (die wir heute als die „Alten Worpsweder" kennen) vertraten eine künstlerische Auffassung, die unerhört neu war. Ihnen ging es darum, ihr intensives Erleben der Natur ganz unmittelbar in Kunst zu verwandeln. Mit diesem künstlerischen „Programm" zogen sie weitere Künstler an, die sich ebenfalls dem ursprünglichen Leben und Malen in der Natur widmen wollten. Hinzu kamen Schriftsteller und Intellektuelle, die sich auf dem „Barkenhoff", dem Wohnsitz Heinrich Vogelers und Treffpunkt der „Künstlerfamilie", trafen.

Modersohns zu Besuch bei Vogelers auf dem Barkenhoff, um 1904

KUNST UND KULTUR

Unter ihnen war auch der junge Rainer Maria Rilke, der um 1900 zum engsten Kreis der Worpsweder Künstlerfreunde gehörte.

Der Künstlergemeinschaft war jedoch nur eine kurze unbeschwerte Blütezeit vergönnt. Im Jahr 1901 heirateten Otto Modersohn und Paula Becker, Rainer Maria Rilke und Clara Westhoff, Heinrich Vogeler und Martha Schröder. Aus der großen „Familie" der Künstler wurden drei Kleinfamilien, die mehr und mehr eigene Wege gingen. 1907 starb Paula Modersohn-Becker kurz nach der Geburt ihres ersten Kindes, Otto Modersohn verließ wenig später das Künstlerdorf und zog nach Fischerhude. Rainer Maria Rilke und Clara Westhoff hatten dem Ort bereits Jahre zuvor den Rücken gekehrt.

Mit dem Ersten Weltkrieg beginnen auch für Worpswede bewegte Umbruchzeiten. Die Worpsweder Künstler sind gezwungen, in einer sich dramatisch wandelnden Welt Position zu beziehen. Heinrich Vogeler wird zum Kommunisten, Fritz Mackensen entwickelt sich zum linientreuen Nationalsozialisten. Bernhard Hoetger gestaltet aus den Versatzstücken der Weltkulturen einen eigenen, nordisch-mythologisch geprägten Kunstkosmos. Zu diesen drei beherrschenden Künstlerpersönlichkeiten gesellt sich in den Zwanzigerjahren eine Schar von jungen Malern, die sich dem Expressionismus verschrieben haben. Während die meisten europäischen Künstlerkolonien mit dem Ersten Weltkrieg Geschichte sind, wird in Worpswede ein neues künstlerisches Kapitel aufgeschlagen. Doch dieser Aufbruch währt nur wenige Jahre; schon bald wird Worpswede mit einer neuen Wirklichkeit konfrontiert – und diese Wirklichkeit heißt Nazi-Herrschaft und Krieg.

Auch für das Künstlerdorf ist daher das Jahr 1945 eine „Stunde Null". Und wieder erlebt Worpswede eine Neugeburt und Neuerfindung. Bereits kurz nach Kriegsende kommen erneut junge Maler hierher und geben dem Ort eine neue künstlerische Identität. Worpswede erlebt eine Renaissance als lebendiges Künstlerdorf. Bedeutende Ausstellungen international gefeierter Künstler wie Max Ernst oder Jean Cocteau werden hier erstmals in Deutschland gezeigt und ziehen ein großes Kunstpublikum an. Worpswede ist wieder im Gespräch.

1971 wird in Worpswede die erste Künstlerförderstätte Deutschlands gegründet. Über 400 Stipendiaten aus aller Welt haben den Ort seither mit Impulsen bereichert. Viele weitere Künstler haben sich seit den Sechzigerjahren dauerhaft in Worpswede niedergelassen und den Ort kulturell lebendig erhalten. So ist das Dorf am Weyerberg bis heute Refugium und quirliger Treffpunkt für Maler, Bildhauer, Fotografen und Kunsthandwerker, für Kunstliebhaber und Lebenskünstler. ∎

Heinrich Vogelers „Sommerabend" von 1905 – das wohl bekannteste Worpsweder Gemälde

Ausstellung in der Großen Kunstschau Worpswede: Gezeigt werden aktuelle Worpsweder Künstlerinnen und Künstler, die ursprünglich als Stipendiaten nach Worpswede kamen und heute hier leben.

Matthias Jäger

Worpswede – Künstlerdorf mit starker Anziehungskraft

Schon bald nach der Gründung der Künstlerkolonie 1889 kamen auch die ersten „Kultur-Touristen" nach Worpswede. Bürger der Bremer Gesellschaft wollten den im Freien arbeitenden Malern über die Schulter schauen und die herrliche Moorlandschaft, die sie von den Gemälden kannten, selbst entdecken. Daran hat sich nicht viel geändert: Bis heute ist Worpswede ein herausragender Anziehungspunkt für viele Tausend Gäste aus aller Welt, die den Ort auf den Spuren der „alten" und der heutigen Worpsweder Künstlerinnen und Künstler besuchen.

Im Reigen der europäischen Künstlerkolonien nimmt Worpswede mit seinen rund 140 heute hier lebenden Künstlern und Kunsthandwerkern eine absolute Sonderstellung ein. Denn das Dorf im Teufelsmoor ist als einzige der über 100 historischen Künstlerkolonien bis heute ein lebendiger Künstlerort geblieben.

Eine reiche Museumslandschaft sowie zahlreiche Galerien und Ateliers, Hotels, Pensionen, Restaurants und Cafés inmitten des Teufelsmoors machen Worpswede heute zu einem Ausflugs- und Reiseziel mit besonderer Ausstrahlung. Insgesamt sechs Museen im Ort bieten faszinierende Einblicke in den vielfältigen Kosmos der Worpsweder Kunst – von den Anfängen bis heute!

Denn die aktuelle Kunst spielt nach wie vor im Worpsweder Kulturleben eine zentrale Rolle. Die kommunale „Galerie Altes Rathaus" im Herzen des Ortes widmet sich ebenso wie ein Kunstverein und die „Galerie ART 99" der Präsentation der heute im Ort lebenden einheimischen Künstlerinnen und Künstler. Und zahlreiche weitere Galerien sorgen dafür, dass Freunde aktueller Kunst viel geboten bekommen.

Die internationale Kunstszene ist seit über vierzig Jahren in den Künstlerhäusern Worpswede zu Gast. Die erste deutsche Künstlerförderstätte beherbergt heute in den idyllisch am Ortsrand gelegenen Martin Kausche-Ateliers aufstrebende wie namhafte Künstlerinnen und Künstler aus aller Welt; Hochschulklassen finden hier Freiräume für Austausch und künstlerische Experimente. Mit internationalen Symposien, Kunst-Aktionen und Ausstellungsbeteiligungen sind die Künstlerhäuser ein wichtiger Impulsgeber für Worpswede und die internationale Kunstszene.

Ein weiteres wichtiges Forum der aktuellen Kunst ist der Paula Modersohn-Becker Kunstpreis, den der Landkreis Osterholz alle zwei Jahre auslobt. In der begleitenden Ausstellung in der Großen Kunstschau werden die prämierten künstlerischen Positionen und die Preisträger der Öffentlichkeit vorgestellt.

Einmal jährlich laden rund 100 Künstler und Kunsthandwerker in und rund um Worpswede die Besucher dazu ein, sie in ihren Ateliers zu besuchen, ihnen bei der Arbeit zuzuschauen und mit ihnen ins Gespräch zu kommen. Ob zu Fuß, mit dem Fahrrad oder dem Pkw: Die Offenen Ateliers sind eine wunderbare Gelegenheit, das Künstlerdorf Worpswede jenseits der touristischen Hauptwege aus einem ganz anderen Blickwinkel kennenzulernen – Überraschungen inklusive.

KUNST UND KULTUR

Atelierbesuch im Rahmen der jährlich stattfindenden Offenen Ateliers

Die Worpsweder Kunsthandwerker präsentieren sich alle zwei Jahre im April/Mai zusammen mit befreundeten Kollegen aus ganz Deutschland mit einer Ausstellung und einem Kunsthandwerkermarkt rund um die „Galerie Altes Rathaus".

Und auch die Fotografie hat ihr eigenes Forum: Alle zwei Jahre macht das „Photofestival RAW" das Künstlerdorf mit Fotomesse und Ausstellungen, Vorträgen und Workshops für zwei Wochen im Spätsommer zum bevorzugten Branchentreff der nationalen und internationalen Fotoszene.

Wer als Besucher nach so viel geballtem Kunstgenuss nach Abwechslung sucht, findet auch diese. So bietet die Music Hall Worpswede ganzjährig ein Musikprogramm, das seinesgleichen sucht: Hier geben sich internationale Stars des Rock und Jazz die Klinke in die Hand – und kommen immer wieder, weil die intime Atmosphäre und das Publikum in diesem Club einzigartig sind. Wer es eher klassisch oder jazzig mag, für den bietet der Verein „Podium" ein anspruchsvolles Musikprogramm. Und schließlich ist Worpswede auch Teil der weltberühmten Orgellandschaft zwischen Elbe und Weser. Neben einer originalen Arp-Schnitger-Orgel in Grasberg ist der 2012 eingeweihte Nachbau der ursprünglichen Gloger-Orgel von 1762 in der Worpsweder Zionskirche ein weiteres Highlight dieser Orgellandschaft. Mit ihrem regelmäßigen, breit gefächerten Konzertprogramm ist die Zionskirche eine feste Größe im Worpsweder Kulturangebot.

Fortsetzung Seite 79

Das Photofestival RAW 2016 wird vorbereitet.

Auf einen Blick
Gründungsjahr: 2004
Mitarbeiter: 18

Leistungsspektrum:
– 37 Zimmer
– 3 Suiten
– Tagungen und Feiern
– Arrangements:
   Kunst & Kulinarik
   Golf & Genuss
   Yoga Moods

www.worpsweder-tor.de

Hotel Worpsweder Tor

Inmitten des malerischen Künstlerdorfs Worpswede gelegen, bietet das Team um Gastgeberpaar Thilo und Almut Drais die perfekte Auszeit.
Ob Wochenendausflug, entspannter Rückzugsort auf Geschäftsreisen, erfolgreiche Tagung oder spannend-entspannter Familienurlaub – im Hotel Worpsweder Tor findet jeder seine ganz eigene Qualitätszeit.
Nicht umsonst zieht dieser besondere Flecken Erde von jeher Künstler, Erholungsuchende und Aussteiger an; gibt es hier doch einen ganz besonderen Frieden, eine ganz eigene Ruhe, die einen umhüllt, kaum dass man sich in diese kleine eigene Welt begibt.
Das Team um Küchenchef Mathias Braun hat sich ganz der modernen regionalen Küche, gepaart mit Aromen und Gewürzen aus der ganzen Welt verschrieben. Und ob Tagung oder Familienfest – wir sorgen dafür, dass von Bestuhlung, über Deko bis hin zur perfekten Menü- und Getränkeauswahl alles den richtigen Rahmen bietet. ∎

Auf einen Blick
Gründungsjahr: 1998

Leistungsspektrum:
– 8 Einzelzimmer
– 22 Doppelzimmer
– 2 Junior-Suiten
– Tagungen/moderne
   Tagungsräume
– Niedrigseilgarten
– Rahmenprogramme
– Arrangements
– Café „Hans am Ende"

www.hotel-buchenhof.de

Hotel Buchenhof – nicht irgendein Hotel!

Ganz gleich ob Sie selbst Urlaub auf den Spuren der Worpsweder Künstler machen wollen, eine Reise mit Freunden organisieren, Ihre Gäste oder Geschäftspartner bei uns unterbringen möchten, eine Tagung planen – es gilt unser Versprechen: „Ihnen gute Gastgeber zu sein, ist das Anliegen, für das wir unsere ganze Phantasie einbringen".
Der Buchenhof befindet sich in der ehemaligen Villa des Künstlers „Hans am Ende", einem der Gründer der Worpsweder Künstlerkolonie. Bei der Ausstattung aller Räume und Zimmer war es uns ein besonderes Anliegen, alles individuell im Stil der Jahrhundertwende zu gestalten. Der Buchenhof liegt abseits vom Verkehrslärm, auf einem wunderschönen Waldgrundstück. Ein herrlicher Garten mit altem Baumbestand lädt Sie ein, nach dem Frühstück ein wenig umherzugehen und den Vögeln zu lauschen oder den Eichhörnchen beim Spielen zuzusehen. Über einen schmalen Waldweg gelangen Sie direkt auf den Weyerberg und genießen den Blick in die weite Landschaft. Binnen weniger Minuten erreichen Sie zu Fuß den Ortskern mit seinen zahlreichen Museen, Galerien und anderen Sehenswürdigkeiten. ∎

KUNST UND KULTUR

*Die Kunst- und Kulturmeile Bergstraße
lädt zum Bummeln und Flanieren ein.*

An der Hammebrücke

Das Künstlerdorf hat dem kultur- und erlebnishungrigen Besucher also viel zu bieten. Das Dorf lädt aber auch zu Muße und Entspannung ein: Beim Bummeln über die Kunst- und Kulturmeile Bergstraße, in einem der vielen Cafés oder auf Streifzügen durch das Dorf mit seinen vielen Baukunstwerken, geschichtsträchtigen Orten und idyllischen Flecken. Gleichzeitig ist Worpswede der ideale Ausgangspunkt für Wege in die Landschaft: zu Fuß über den Weyerberg, bei einer geführten Wanderung ins Moor, mit dem Fahrrad durch die Hammeniederung oder im Kanu oder Torfkahn den Routen der alten Torfschiffer folgend.

Auf den Wegen in die Landschaft entdeckt man es dann wieder: dieses eigentümlich faszinierende Licht, das die Maler der ersten Stunde in seinen Bann zog und das uns noch heute aus ihren Bildern entgegenleuchtet. ■

*unten links: Galerie im Freien;
unten rechts: Gewitterstimmung
in den Hammewiesen*

79

Matthias Jäger

Worpswede neu entdecken!
Ein Spaziergang durch das Künstlerdorf Worpswede und seine Museen

Der Dreiklang Kunstwerk – Landschaft – Lebensort

Was macht Worpswede so einzigartig? Ist es die Kunst, die den Ort weltberühmt machte? Ist es das Dorf mit seinem ländlichen Charme und seinem kreativen Flair? Ist es der Weyerberg und die den Ort umgebende Landschaft des Teufelsmoors?

Diese Fragen waren der Ausgangspunkt, als die Worpsweder Museen und weitere Akteure im Ort im Jahr 2007 unter Federführung des Landkreises Osterholz und Beteiligung der Gemeinde Worpswede begannen, die grundlegende Erneuerung der Worpsweder Museumslandschaft zu planen und die „Marke Worpswede" aus heutiger Sicht neu zu formulieren. Heute wissen wir: Es ist die besondere Verbindung von Kunst, Landschaft und Lebensort, die die Einzigartigkeit Worpswedes ausmacht. Wegen der Landschaft ließen sich die Künstler der ersten Stunde hier nieder und verliehen dem Ort seine ganz besondere Aura. Ihr Traum war, Kunst, Landschaft und Leben miteinander zu vereinen. Und genau dieser Dreiklang macht bis heute den besonderen Reiz Worpswedes aus! Im Folgenden möchten wir Ihnen zeigen, was sich seit 2007 in Worpswede und seinen Museen verändert hat und laden Sie zu einem kleinen Spaziergang durch den Ort und seine Museen ein.

In der großzügigen Tourist-Information Worpswede findet der Besucher einen anschaulichen Einstieg in die Geschichte des Ortes.

Die neue Tourist-Information Worpswede

Wir starten unseren Rundgang in der neuen Tourist-Information, dem touristischen Herzstück des „neuen" Worpswede. Hier findet der Worpswede-Entdecker heute in einem großzügigen, modern gestalteten Besucher-Zentrum alles, was er für einen gelungenen Worpswede-Aufenthalt braucht: Eine 14 Meter lange „Zeitwand" illus-

KUNST UND KULTUR

triert anschaulich die Geschichte des Ortes von der Eiszeit bis zum Heute. Medienstelen informieren über aktuelle Angebote und Aktivitäten und am großzügigen Counter können Einzelreisende und Gruppen sich beraten lassen und alle Buchungen vornehmen. Dass ein Besuch der Worpsweder Museen in jedem Fall mit dazu gehört – das versteht sich von selbst!

Große Kunstschau Worpswede

Beginnen wir mit der Großen Kunstschau Worpswede, dem größten der Worpsweder Museen. Das Haus ist der ideale Einstieg in den schier unerschöpflichen Worpsweder Kunstkosmos, denn die Dauerausstellung in dem von Bernhard Hoetger 1927 erbauten Teil des Museums präsentiert wichtige Werke aus der Gründerzeit der Künstlerkolonie. 2010/11 wurde das benachbarte Roselius-Museum in die Große Kunstschau integriert und damit die Ausstellungsfläche des Museums verdoppelt. Die neuen Ausstellungsflächen bieten nun erstmals die Möglichkeit, in Worpswede Sonderausstellungen mit internationaler und zeitgenössischer Kunst adäquat zu präsentieren. So kann die Worpsweder Kunst der vergangenen 125 Jahre in wechselnden Kontexten immer wieder neu beleuchtet und erlebt werden.

Der verschneite Barkenhoff zeigt: Worpswede kann auch im Winter zauberhaft schön sein!

Barkenhoff und Barkenhoff-Garten

Auf einem idyllischen Weg über die „Marcusheide" erreichen wir den Barkenhoff. Heinrich Vogeler hatte sich 1894 hier, etwas außerhalb des Orts, niedergelassen. Der Weg zum Museum führt durch den Barkenhoff-Garten. Für Vogeler war dieser Garten Teil seiner Vision einer „Insel des Schönen", die er mit seinem „Gesamtkunstwerk Barkenhoff" verwirklichte. Heute ist der Garten nach den Plänen Vogelers wiederhergestellt. Über die ebenfalls rekonstruierte Freitreppe und Terrasse gelangen wir zum Heinrich-Vogeler-Museum.

Durch den Umbau der Remisen wurden die Ausstellungsflächen erweitert. Damit wurde die Möglichkeit geschaffen, die umfangreiche Dauerausstellung zu Leben und Werk Heinrich Vogelers im Haupthaus durch Sonderausstellungen mit wechselnden Themen in den Remisen zu ergänzen.

Hier wie bei der Großen Kunstschau und beim Haus im Schluh besticht der Kontrast zwischen der historischen Bausubstanz und den neu geschaffenen Ausstellungsräumen. Die Gegenüberstellung von Geschichte und Gegenwart, die auch das Ausstellungsprogramm prägt, findet bei diesen drei Museen eine sehr überzeugende architektonische Entsprechung.

Hoetger-Garten am Diedrichshof

Vom Barkenhoff wandern wir hinüber zum Diedrichshof, dem ersten Wohnsitz Bernhard Hoetgers in Worpswede. Er liegt nur wenige Meter entfernt auf der anderen Seite der Ostendorfer Straße. Es ist faszinierend zu sehen, wie unterschiedlich Vogeler und Hoetger das Gartenthema interpretiert haben. Ornamentaler Reichtum am Barkenhoff kontrastiert mit klar gegliederten Formen hinter Hoetgers Wohnhaus. Und während Vogeler seinen Garten als Kulisse für seine Malerei nutzte, ist Hoetgers Garten eine über mehrere Hundert Meter in die Tiefe gestaffelte Bühne für seine großartigen Skulpturen. Die meisten von ihnen fehlten bisher. Sie konnten im Rahmen des „Masterplan-Projekts" neu gegossen und am Originalschauplatz aufgestellt werden – darunter auch der „Bonze des Humors", eines der Wahrzeichen Worpswedes.

Haus im Schluh

Das idyllisch gelegene Haus im Schluh ist die nächste Station auf unserem Rundgang. Malerisch wie eh und je fügen sich die Häuser der Hofanlage in das Landschaftsbild. Erst bei näherem Hinsehen entdeckt man, dass die Reetdächer der beiden Fachwerkhäuser neu gedeckt sind und das Ensemble durch einen modernen Museumsanbau erweitert wurde. Auch hier bieten sich heute durch die erweiterten Ausstellungsflächen konzeptionelle Möglichkeiten. Dennoch: Der liebenswürdige Charme des Haus im Schluh ist unverändert.

Idylle pur: das Haus im Schluh aus einer ungewöhnlichen Perspektive

Worpsweder Kunsthalle

Der Weg zur Worpsweder Kunsthalle führt uns an den Ausgangspunkt unseres Rundgangs zurück, denn das Museum befindet sich unmittelbar neben der Tourist-Information in der Bergstraße. Im ältesten Ausstellungshaus Worpswedes wurde der zeitgenössischen Kunst aus Worpswede und aus aller Welt seit je große Beachtung

KUNST UND KULTUR

geschenkt. Sie hatte und hat einen festen Platz neben den vielen großartigen Kunstwerken aus allen Epochen der Worpsweder Kunstgeschichte, die zur hauseigenen Sammlung gehören. Diese Kunstwerke werden ebenfalls regelmäßig gezeigt, sofern sie nicht gerade als Botschafter Worpswedes in anderen Museen im In- und Ausland zu Gast sind.

Weitere Museen und Sehenswürdigkeiten

Das für ein Dorf wie Worpswede einmalig vielfältige museale Angebot wird ergänzt durch zwei weitere Museen, die ebenfalls einen Besuch wert sind: das „Museum am Modersohn-Haus" und die sogenannte „Käseglocke". Das in der Hembergstraße gelegene ehemalige Wohnhaus von Otto Modersohn und Paula Modersohn-Becker wurde 1993–97 von dem Sammler-Paar Wolfgang und Sigrun Kaufmann durch zwei Anbauten zum Museum erweitert. Sehenswert ist hier die bedeutende Privatsammlung alter Worpsweder Meister. Dem Worpsweder Kunsthandwerk gewidmet ist die „Käseglocke". Das iglufömige Rundhaus wurde 1926 von dem Schriftsteller Edwin Koenemann nach den Plänen des Architekten Bruno Taut erbaut und wird seit 2001 von den „Freunden Worpswedes" museal genutzt. Wegen seiner ungewöhnlichen Form erhielt das Haus von den Worpsweder Bürgern den Namen „Käseglocke" und ist bis heute ein prägnantes und liebenswertes Wahrzeichen des Künstlerdorfs.

Natürlich gibt es in und um Worpswede noch viel mehr zu entdecken und zu erleben: beim Schauen und Stöbern in den zahlreichen Kunstgalerien ebenso wie im Rahmen einer Ortsführung oder auf Wegen in die Landschaft hinein. Überall warten lohnende Entdeckungen auf den Besucher; und erst im Erleben des Zusammenklangs von Kunst, kreativ gestaltetem Lebensraum und Landschaft wird das Verständnis des vielschichtigen „Kunstkosmos Worpswede" vollständig und rund! ■

Die „Käseglocke" – eines der vielen charmanten Wahrzeichen des Künstlerdorfs

Matthias Jäger

Lebendige Kultur – aktive Heimatpflege im Hier und Jetzt

Selbstverständlich hat der Landkreis Osterholz auch jenseits des Künstlerdorfs kulturell viel zu bieten. Ob in der Kreisstadt Osterholz-Scharmbeck oder in den weiteren Gemeinden des Landkreises: Überall gibt es zahlreiche kulturelle Aktivitäten und Angebote, für Bewohner ebenso wie für Besucher. Da ist zum Beispiel Gut Sandbeck als kulturelles Zentrum der Stadt Osterholz-Scharmbeck. Hier hat das TiO THEATER IN OHZ, die Scharmbecker Speeldeel von 1928 e. V., ihr Quartier, ebenso der Kunstverein Osterholz, der mit Künstlersymposien, der Organisation von offenen Ateliers jährlich am 3. Oktober und zahlreichen weiteren Angeboten zum kulturellen Leben der Stadt ganz wesentlich beiträgt. In der Stadthalle Osterholz wird ein breites Unterhaltungs- und Kulturprogramm angeboten.

Die Bildungsstätte Bredbeck liegt stadtnah und gleichzeitig idyllisch in einem Wald. Sie bietet neben einem umfangreichen Seminarprogramm im Bereich der kulturellen und politischen Bildung Sommerateliers in verschiedenen Disziplinen sowie ein breit gefächertes kulturelles Programm an. Zugleich ist sie die Heimvolkshochschule des Landkreises Osterholz. Auf Harriersand, einer der längsten Flussinseln Deutschlands, arbeiten und leben Birgit und Claus Hartmann als Schiffsbildhauer. In ihrem Atelierbetrieb namens Hartmann Design haben sie sich – einzigartig auf der Welt! – auf das professionelle Schnitzen von Galionsfiguren spezialisiert. Nach Hambergen lockt jedes Jahr im Mai die creARTour zu den zahlreichen Künstlern der Gegend.

In Lilienthal ist die Freilichtbühne mit ihren Aufführungen für Erwachsene und für Kinder seit vielen Jahren ein Publikumsmagnet. Das Kulturzentrum Murkens Hof auf dem ehemaligen Areal der Klostersiedlung bereichert das kulturelle Leben Lilienthals mit zahlreichen Veranstaltungen und Ausstellungen. Seit einigen Jahren hat auch Lilienthal eine Kunstschau: Die Lilienthaler Kunststiftung Monika und Hans Adolf Cordes widmet sich in dem Ausstellungshaus in Trupe 6 mit großem ehrenamtlichen Engagement der Sammlung, Erforschung und Präsentation der bildenden Kunst im Kulturdreieck Worpswede – Fischerhude – Lilienthal.

Ein ganz wesentlicher Bestandteil des kulturellen Lebens im Landkreis Osterholz sind die zahlreichen Heimatvereine und Dorfgemeinschaften. 2007 hat der Landkreis Osterholz einen Koordinationskreis für Heimatpflege und Regionalgeschichte ins Leben gerufen und so für die zahlreichen Akteure eine Plattform für Austausch und Kooperation geschaffen. Ziel war es auch, die vielfältigen Aktivitäten der Heimatpflege zu bündeln und für die Öffentlichkeit noch besser sichtbar zu machen. 2007

Die zahlreichen Heimatvereine spiegeln die Identität der Bewohner mit der Region wider.

KUNST UND KULTUR

wurde erstmals ein „Aktionswochenende Heimatpflege" veranstaltet, das seitdem alljährlich am zweiten Septemberwochenende stattfindet – mittlerweile mit einem breiten und facettenreichen Programm, das sich über den gesamten Sommer und Herbst erstreckt. Von der HammeNacht über Torf-, Handwerker- und Backtage bis hin zu Ernte- und Mühlenfesten, Bauern- und Kunsthandwerkermärkten, Open-Air-Konzerten sowie plattdeutschen Theateraufführungen: Was die Heimatvereine im Landkreis Osterholz auf die Beine stellen, kann sich sehen lassen! Die Broschüre zu den Aktionstagen Heimatpflege ist in der Kreisverwaltung erhältlich, und wer einen Überblick über Akteure und Aktivitäten erhalten möchte, findet ihn im Katalog „Blickpunkt Heimat".

Dieses Handbuch, vom Landkreis Osterholz herausgegeben, bietet einen in Norddeutschland einzigartigen Überblick über Initiativen der Heimatpflege und Regionalgeschichte in der Region. 75 Heimatvereine und weitere regionale Initiativen stellen sich in ihm vor. Der Katalog ist ebenfalls beim Landkreis erhältlich.

Ein Open-Air-Konzert im Rahmen des GartenKultur-Musikfestivals auf dem Rittergut Meyenburg in Schwanewede

Einen Besuch wert sind auch die zahlreichen Museen zur Orts- und Regionalgeschichte im Landkreis: Von der Museumsanlage in Osterholz-Scharmbeck über das Torfschiffswerft-Museum in Schlußdorf und das Handwerkermuseum im Worphausener Lilienhof bis zum Schmiedemuseum Beckedorf und zum Niedersächsischen Kutschenmuseum in Lilienthal (und darüber hinaus) gibt es viel zu entdecken! In diesen Museen wird lebendig und anschaulich vermittelt, wie die Menschen ab Mitte des 18. Jahrhunderts das Moor kultivierten, die typischen, langgestreckten Findorffsiedlungen anlegten und hier gelebt und gearbeitet haben. Alte Arbeitsgeräte und vieles mehr sind nicht nur zum Anschauen: Anfassen ist in vielen Fällen ausdrücklich erlaubt und Vorführungen und Mitmachaktionen machen alte Arbeitstechniken hautnah erlebbar.

Unnötig zu sagen, dass hier vor allem auch Kinder auf ihre Kosten kommen und nicht nur viel erfahren und lernen, sondern auch Spannendes erleben können, insbesondere, wenn der Museumsbesuch mit einem Ausflug in die Landschaft oder einer Fahrt mit dem Torfkahn oder dem Moorexpress verbunden wird! Speziell für die jüngsten Bewohner und Besucher unserer Region (und ihre Eltern und Erzieher) hat der Landkreis Osterholz ein Heimat-Erlebnisheft herausgegeben, das mit vielen Anregungen, Spielen und Angeboten zum Selbermachen anschauliche Zugänge zu Natur, Lebensart und Kultur unseres Landkreises eröffnet.

Nur wenige Landkreise können ein vergleichbar reiches kulturelles Leben vorweisen. Das schafft Identität für seine Bewohner, die stolz sind auf diesen Reichtum, es schafft Lebensqualität und stärkt das Bewusstsein für die eigenen Wurzeln. Und es macht den Landkreis Osterholz attraktiv für Neubürger und für die vielen Tausend Gäste, die jährlich hierherkommen. ■

Johannes Kleine-Büning

Natur und Landschaft im Landkreis Osterholz

Wer Wert darauf legt, in einer schönen Landschaft zu wohnen, zu arbeiten, sich zu erholen oder seinen Urlaub zu verbringen, der ist im Landkreis Osterholz richtig. Denn dieser präsentiert sich landschaftlich überaus reizvoll und vielfältig. Wer darüber hinaus ökologisch interessiert ist, dem bietet der Landkreis Osterholz viel zu entdecken. Denn 107 Quadratkilometer (16,5 Prozent der Landkreisfläche) gehören zum ökologischen Netz Natura 2000, das zum Schutz der Pflanzen- und Tierwelt in der gesamten Europäischen Union ausgewiesen wurde.

In Nordseenähe gelegen, weist der Landkreis Osterholz den für die nordwestdeutsche Tiefebene typischen Dreiklang aus Moor, Marsch und Geest auf. Die Landschaft ist somit eiszeitlichen und nacheiszeitlichen Ursprungs.

Im Westteil des Landkreises erstreckt sich die nur knapp über dem Meeresspiegel gelegene tafelflache Wesermarsch, in seinem Zentrum erhebt sich ein bis über 40 Meter aufragender Geestrücken und im östlichen Kreisgebiet breitet sich großräumig und eben die Teufelsmoorniederung aus.

Während die Geest schon seit Urzeiten Siedlungsgebiet des Menschen ist, begann die Besiedlung der Marschgebiete und des Teufelsmoores erst im Mittelalter. Eine großräumig planvolle Kultivierung und Besiedlung des Teufelsmoores erfolgte aber erst im Zuge der Hannoverschen Moorkolonisation im 18. und 19. Jahrhundert.

Mit zunehmender Besiedlung und Nutzung wandelte sich die ursprüngliche Naturlandschaft vollständig in eine Kulturlandschaft. Nur im Teufelsmoor waren noch bis Mitte des 20. Jahrhunderts Reste der Naturlandschaft erhalten.

Heute werden Wesermarsch und Teufelsmoor überwiegend landwirtschaftlich, vorrangig als Grünland, genutzt. Auf der Geest wechseln Wälder und landwirtschaftliche Flächen einander ab.

Erfreulicherweise gibt es im Landkreis Osterholz noch eine Vielzahl ausgesprochen schöner Landschaftsräume, die noch so naturnah sind, dass sie seltenen und gefährdeten Pflanzen- und Tierarten Lebensstätten bieten.

Nach der Weser sind Hamme und Wümme die größten Fließgewässer. Hamme und Wümme vereinigen sich zur Lesum. Letztere mündet nach nur zehn Kilometern in die Weser. Über Weser und Lesum stehen Wümme und der Unterlauf der Hamme unter Einfluss der Gezeiten – an der Hamme reicht der Gezeiteneinfluss bis zum 1874 errichteten, als Ritterhuder Schleuse bekannten Sperrwerk.

An Weser und Wümme sowie teilweise an der Hamme schützen Deiche das Hinterland. Um die Marsch- und Moorgebiete überhaupt nutzen zu können, besteht ein künstlich angelegtes, ausgedehntes Netz an Entwässerungsgräben.

NATUR UND TOURISMUS

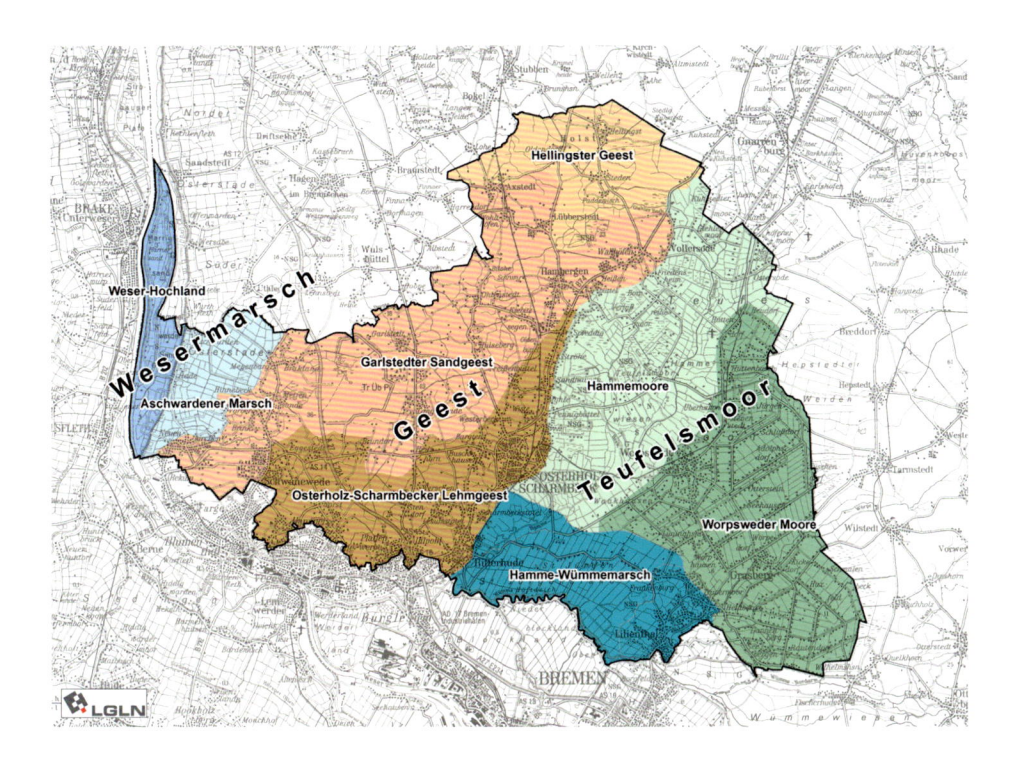

Die naturräumlichen Einheiten im Landkreis Osterholz – ein Dreiklang aus Marsch, Geest und Moor

Die durch tidebedingte Sand- und Schlickablagerungen entstandene, heute vollständig landwirtschaftlich genutzte Wesermarsch umfasst – getrennt durch den Landesschutzdeich – das außendeichs gelegene Weser-Hochland und die binnendeichs befindliche Aschwarder Marsch.

Landschaftliches Highlight des Weser-Hochlandes ist die lanzettförmig gestreckte Weserinsel Harriersand, eine der größten Flussinseln Deutschlands. Das Weser-Hochland ist nur durch das Hochufer der Weser und Sommerdeiche geschützt und wird im Winter bei sehr hohen Tideständen vollständig überflutet. Aufgrund seiner Bedeutung für die Vogelwelt ist es Teil des sich auch auf die Nachbarlandkreise erstreckenden europäischen Vogelschutzgebietes „Unterweser" und gehört somit zum Netz Natura 2000.

Die Aschwarder Marsch wird ackerbaulich und als Grünland genutzt. Der äußerste Süden des Landschaftsraumes gehört ebenfalls zum oben genannten Vogelschutzgebiet, während dem nördlichen Teil zunehmend Bedeutung als Standort für Windenergieanlagen zukommt.

Der Landesschutzdeich wird beiderseits durch eine Kette von wassergefüllten, ehemals für den Deichbau genutzten Kleigruben gesäumt. Einige gehören zusammen mit den die Marsch durchziehenden Fleeten als Jagdgebiet bestimmter Fledermausarten zum Netz Natura 2000.

Die östlich der Marsch angrenzende Geest stellt eine wellige bis hügelige Altmoränenlandschaft dar, die von Bachtälern und Niederungen gegliedert ist. Die Geest wird sowohl land- als auch forstwirtschaftlich genutzt. Sie ist ein wichtiger Grundwasserspeicher und weist bedeutsame Sandlagerstätten auf. Außerdem hat auch hier die Windenergienutzung stark zugenommen.

Harriersand – landschaftliches Highlight des Weser-Hochlandes und eine der größten Flussinseln Deutschlands

Die Garlstedter Sandgeest war bis Ende des 19. Jahrhunderts durch Heidenutzung geprägt. Danach wurden die Heiden großflächig mit Nadelhölzern aufgeforstet. So entstand das große Waldgebiet „Schmidts Kiefern". Heute finden sich Heiden hier nur noch auf den Standortübungsplätzen bei Garlstedt und Schwanewede.

Typisch für die Osterholz-Scharmbecker Lehmgeest ist das vielerorts erhaltene Netz aus Wallhecken. Der südwestliche Teil des Landschaftsraumes wird wegen seines anmutig bewegten Reliefs „Bremer Schweiz" genannt.

Die Hellingster Geest bietet mit dem Heilsmoor, dem Springmoor und der Giehler Bach-Niederung landschaftlich besonders reizvolle Bereiche.

Aufgrund der Schönheit der Geestlandschaft und ihrer Bedeutung für die Erholung der Bevölkerung sind große Teile des Landschaftsraumes Landschaftsschutzgebiete. Mehrere ökologisch herausragende Geestbereiche sind als FFH-Gebiete (Fauna-Flora-Habitat-Richtlinie) Bestandteil des Netzes Natura 2000. Hierzu zählen unter anderem die Schönebecker Aue, die Wienbeck, die Garlstedter Heide, die Heidhofer Teiche, das Heilsmoor, das Springmoor und die Niederungen von Billerbeck und Oldendorfer Bach.

Östlich an den zentralen Geestbereich grenzt das Teufelsmoor. Es ist eines der größten zusammenhängenden Moorgebiete Mitteleuropas.

Den nordwestlichen Teil nehmen die Hammemoore ein; sie umfassen die Hammehochmoore und die Hammeniederung. Die Hammehochmoore nordwestlich der Ortschaft Teufelsmoor haben allesamt durch Torfabbau und teilweise durch landwirtschaftliche Kultivierung ihren natürlichen Zustand verloren. Dennoch gibt es hier noch naturnahe Hochmoorstadien mit typischen Moorpflanzen. An mehreren Stellen, am großflächigsten im Günnemoor, wurden Maßnahmen zur Hochmoorregeneration durchgeführt. Hier kann man am besten nachvollziehen, wie die ursprüngliche Moorlandschaft einmal aussah.

NATUR UND TOURISMUS

Östlich und südlich der Ortschaft Teufelsmoor erstreckt sich die Hammeniederung, ein offener, grünlandgeprägter Landschaftsraum, der durch Niedermoor und großräumige winterliche Überschwemmungen gekennzeichnet ist. In der unteren Hammeniederung führt der Landkreis Osterholz als Naturschutzbehörde seit 1995 nach einem Bundes-Förderprogramm für „gesamtstaatlich repräsentative Gebiete" auf einer Fläche von 27,8 Quadratkilometern ein Naturschutzgroßprojekt durch. Eine besondere Attraktion des Projektgebietes ist das „Breite Wasser", einer der größten Niedermoorseen der Region. Das Projektgebiet wird durch Wege erschlossen und kann zudem von drei Aussichtstürmen aus erlebt werden.

Die Hammeniederung wird ostwärts begrenzt durch den Weyerberg, einer über 50 Meter hohen Erhebung im Teufelsmoor, auf dem die Ortschaft Worpswede liegt. Der Weyerberg wird umgeben von den Worpsweder Mooren, die nahezu vollständig landwirtschaftlich genutzt sind. Sie sind mit ihren zahlreichen streifenförmigen Findorffsiedlungen durch und durch geprägt von der Hannoverschen Moorkolonisation.

Die Geestlandschaft hat einen großen Erholungsfaktor.

Und noch etwas Bemerkenswertes: Die Hammemoore und die Worpsweder Moore sind völlig frei von Windenergieanlagen – heutzutage ein Seltenheitsmerkmal, das der Erholungslandschaft um Worpswede zugutekommt.

Den Südteil des Teufelsmoores nimmt die Hamme-Wümmemarsch ein. Breite, parallel angelegte Fleete kennzeichnen das als „St. Jürgensland" bekannte Grünlandgebiet mit den östlich angrenzenden „Truper Blänken". Es wird südwärts durch die eingedeichte Wümme begrenzt, die sich zwischen den Deichen in unzähligen Windungen westwärts schlängelt.

Große Teile der Hammehochmoore, nahezu die gesamte Hammeniederung, die „Truper Blänken" sowie die Wümme und ihr Nebenfluss, die Wörpe, gehören als Vogelschutz- beziehungsweise als FFH-Gebiet zum Netz Natura 2000.

Wer sich näher über die Landschaft im Landkreis Osterholz informieren möchte, dem sei die Lektüre des Landschaftsrahmenplanes empfohlen. Das Werk wurde von der Planungsgruppe Landespflege Hannover erarbeitet. Der Plan ist bei der Kreisverwaltung erhältlich oder kann auf der Homepage des Landkreises eingesehen werden.

Quelle: Landschaftsrahmenplan des Landkreises Osterholz (2000)

Das Teufelsmoor: immer eine besondere Atmosphäre

Thorsten Milenz und Antje Breden

Ausflüge in eine einzigartige Kulturlandschaft

Der Landkreis Osterholz ist im Vergleich ein eher kleiner, umso vielfältiger ist sein touristisches Profil auf diesem kleinen Raum. Wonach suchen Menschen, die ihn besuchen? Manche suchen maritimes Flair auf der Weserinsel Harriersand im Westen des Landkreises und lassen die „dicken Pötte" auf ihrem Weg Richtung Bremerhaven an sich vorbeiziehen, während sie ein Sonnenbad am Strand nehmen. Andere erfreuen sich an der sanft welligen Landschaft der „Bremer Schweiz" an der Grenze zur Hansestadt Bremen. Überall treffen Urlauber und Naherholungsuchende auf Spuren der Geschichte dieses Landstriches. Dies gilt insbesondere für den unbestrittenen Leuchtturm des touristischen Geschehens. So wie schon für die erste Generation der nach Worpswede gekommenen Maler, löst sich im Künstlerdorf und im es umgebenden Teufelsmoor noch heute die Sehnsucht nach Entschleunigung, Landschaftserlebnis und Kultur auf einzigartige Weise ein.

Auch wenn die weite Landschaft des Teufelsmoores heute weitgehend ein anderes Gesicht zeigt, als zu Zeiten ihrer abenteuerlichen und entbehrungsreichen Kultivierung ab Mitte des 18. Jahrhunderts, so findet sich manches Motiv aus den Gemälden von Otto Modersohn oder Hans am Ende so oder ganz ähnlich in der heutigen, ganz realen Welt des Teufelsmoor-Besuchers, der vielleicht ein wenig danach suchen und ein Auge für solche Erlebnisse haben muss. Denn eine bunte, laute Glitzerwelt wird ihn hier nicht empfangen – diese Landschaft ist sympathisch unaufdringlich, letztendlich aber nicht weniger überwältigend und faszinierend.

Weiter Himmel, offene Landschaft ... egal, ob Urlauber oder Naherholungsuchende – für jeden ist etwas dabei.

Wer die Worpsweder Museen besucht hat, den Ort erkundet und vielleicht einen weiten Blick vom Weyerberg genießen konnte, wird diese Landschaft selbst erleben wollen, und dies heißt, selbst aktiv zu werden. Und dafür bieten sich die unterschiedlichsten Zugänge. Der liebste und zugleich praktischste Begleiter ist den meisten Besuchern das Fahrrad, denn diese Gegend ist wie für Pedaleure gemacht. Tellerflach und mit Wegeführungen oft abseits des Hauptverkehrs, bieten 500 Kilometer ausgeschildertes Routennetz ideale Bedingungen, egal, ob man mit dem Mountainbike, einem klassischen Hollandrad oder einem Pedelec unterwegs ist, ob ganz allein oder mit der Familie. Besonders beliebt sind mehrtägige Radtouren auf ausgeschilderten Fernrouten, von denen drei durch den Landkreis Osterholz führen.

NATUR UND TOURISMUS

Der Radwanderweg „Weites Land" entführt den Radler aus der maritimen Hansestadt Bremen in die Welt der Moorgeister, Torfstecher und Geestbauern. Traditionelle Siedlungsstrukturen der Findorff-Dörfer und die Hamme mit ihren Torfkähnen prägen in weiten Teilen das Landschaftsbild entlang dieser 140 Kilometer langen Route. In den Künstlerdörfern Worpswede und Fischerhude (Landkreis Verden) laden Museen und Galerien zum Kunstgenuss ein und auch Kulinarisches kommt nicht zu kurz.

„Vom Teufelsmoor zum Wattenmeer" ist eine Tour für konditionsstarke Naturfreunde in der Region Nordsee-Elbe-Weser. Auf dem rund 450 Kilometer langen Radwanderweg, entwickelt von den Touristikverbänden der beteiligten Landkreise und Städte und dem Naturschutzbund Deutschland (NABU), stehen Naturerlebnisse mit Flüssen, Seen, Mooren und das Meer im Mittelpunkt; entsprechend naturnah ist die Route geführt. Im Landkreis Osterholz führt sie durch Lilienthal, Worpswede und die Ortschaften Teufelsmoor und Vollersode.

Der etwa 250 Kilometer lange Rundkurs des Wümme-Radweges verbindet die Lüneburger Heide mit der Freien Hansestadt Bremen und setzt sich aus einer Nord- und Südroute zusammen. Wahlweise hat man die Möglichkeit, den gesamten Radweg, die Nordroute, die Südroute oder nur Teilabschnitte zu genießen. Auf der Strecke erhält man vielseitige Eindrücke von der wunderschönen Natur und den Siedlungsräumen der Norddeutschen Tiefebene. Auenlandschaften, Moore und Wälder sowie das Deichvorland bestimmen das von der Wümme geprägte Landschaftsbild. Im Landkreis Osterholz lernt der Radler die Gemeinden Ritterhude und Lilienthal kennen.

Während die beschriebenen Fernradwanderwege innerhalb des Netzes jeweils mit einem eigenen Logo durchgängig als Rundwege beschildert sind, gilt dies nicht durchgängig für alle kürzeren Tagestouren, die sich ebenso großer Beliebtheit erfreuen. Ausgerüstet mit der Radwanderkarte des Landkreises oder einem vor Ort ausleihbaren GPS-Gerät, bietet sich gute Orientierung für kürzere Tagestouren oder tägliche Sternfahrten mit einem Hotel oder einer Ferienwohnung als Ausgangspunkt – die Gastgeber haben sich längst auf die Radler eingestellt und bieten eine fahrradfreundliche Unterkunft mit sicherer Abstellmöglichkeit für eigene Räder oder verleihen gar selbst Räder. Alle Gemeinden des Landkreises haben diese kürzeren Routen mit einer Länge von 12 bis 42 Kilometern im Angebot. Allein in Worpswede haben sechs jeweils mit einer Farbe markierten Rundwege sowie die Themenroute „Klimatour Teufelsmoor" an der Tourist-Information in der Bergstraße ihren Ausgangspunkt.

Die Kreisstadt Osterholz-Scharmbeck begeistert Radler „im Zeichen des Bullen" mit ihrem „Butenpad", während die Samtgemeinde Hambergen jeder ihrer fünf Mitgliedsgemeinden eine eigene Route gewidmet hat. Die Lilienthaler Tagestouren, die teilweise weit über die Gemeinde hinaus führen, haben in der Regel ihren Ausgangspunkt

Fahrradfreundlicher Landkreis: Zahlreiche Radwege und Gastgeber, die sich auf Radler eingestellt haben, laden zum Radwandern ein.

Aussichtstürme laden zu Rast und weiten Fernblicken ein – hier der „Weidenkorb".

am Rathaus in der Klosterstraße. Ritterhude und Grasberg begeistern mit Rundtouren zu historischen Themen und Siedlungsstrukturen, während die Schwaneweder Routen, die beispielsweise ins idyllische Dörfchen Meyenburg oder in die Weite der Marsch führen, jeweils mit einem Tierlogo gekennzeichnet sind. Wer sich im Detail über diese Touren informieren möchte, sei auf die Internetseite der offiziellen Tourismusorganisation des Landkreises verwiesen. Auf der Website www.kulturland-teufelsmoor.de hält die Touristikagentur Teufelsmoor-Worpswede-Unterweser e. V. Routenbeschreibungen, Literaturtipps, Tourentracks sowie ausdruckbare Karten bereit. Dies gilt nicht nur für die Radtouren, sondern ebenso für ein vermeintlich „angestaubtes" Freizeitthema, das sich wieder wachsender Beliebtheit erfreut: das Wandern.

Wer das Teufelsmoor besucht hat und dabei keine Moorwanderung unternommen hat, war eigentlich nicht wirklich da. Die vielfach renaturierten Hoch- und Niedermoorflächen sind wertvoll und deshalb streng geschützt. Dennoch sind sie in manchen Bereichen zugänglich und bieten ganzjährig – nicht nur zur Zeit der Wollgrasblüte im späten Frühjahr – einzigartige Naturerlebnisse. Am besten teilt man sie mit anderen und schließt sich einer geführten Moorwanderung an, die von den Naturexperten der Biologischen Station Osterholz und anderen geschulten Gästeführern regelmäßig angeboten werden.

Wer lieber auf eigene Faust unterwegs ist, kann sich das Heilsmoor, das Niedersandhauser Moor, das Hamberger Moor oder andere Bereiche ebenso erwandern, sollte aber mit gutem Kartenmaterial, einem GPS-Gerät oder Smartphone ausgerüstet sein, um sich im Wegenetz sicher zu orientieren. In der Hammeniederung lohnen architektonisch besonders interessante Aussichtstürme den Besuch. Sie laden zu Rast und weiten Fernblicken ein. Und wer beispielsweise vom Aussichtsturm im Ausflugsgebiet

NATUR UND TOURISMUS

Neu Helgoland gerade dem Torfkahnskipper und seinen Gästen auf der Hamme zugewunken hat, möchte vielleicht selbst aufs Wasser.

Kanus und Kajaks sind dafür ideal und an vielen Stellen an Hamme und Wümme zu leihen. Das alte Wasserwegenetz im Teufelsmoor ist bis heute weitgehend erhalten. Hamme, Wümme, ihre Nebenflüsse sowie eine Vielzahl kleiner idyllischer Gräben und Kanäle bieten ideale Voraussetzungen, die Natur zu erkunden. Oft gelangt man an Stellen, die nur auf dem Wasserweg zu erreichen sind und kann als stiller Beobachter den Puls der Natur spüren. Als Ausflugsziele bieten sich die ufernah gelegenen Lokale an. Gemächlich führt die Hamme durch die Weite der Landschaft und ist wegen der geringen Strömung auch für Wassersportanfänger gut geeignet. Entlang des Flusses sind Niedermoor und Feuchtwiesen die Heimat zahlreicher Pflanzenarten sowie Lebensraum für viele Wasser- und Wiesenvögel. Die Stille wird nur von auffliegenden Fischreihern oder Kiebitzen unterbrochen. Die Broschüre „Wasserwandern im Teufelsmoor" bietet einen Überblick über Anlegestellen, Kanu- und Kajakverleihstationen und Gastronomiebetriebe am Wasser sowie den genauen Verlauf der Wasserwege. ∎

Der Aussichtsturm bei Neu Helgoland bietet ein tollen Blick auf die Hamme.

Thorsten Milenz und Antje Breden

Torfkahnschifffahrt als touristisches Highlight

Es gibt nicht viele Wege, die durchs Moor führen. Jahrhundertelang waren natürliche und künstliche Wasserwege die einzigen Verbindungen von den ausgedehnten Hoch- und Niedermooren der Region in die Hansestadt Bremen. Auf diesen Wasserwegen fand nahezu der gesamte Waren- und Personenverkehr statt. Darüber hinaus dienten sie dem Wassermanagement, der Entwässerung, der Region.

Aufgrund der schwierigen infrastrukturellen Bedingungen blieb diese Region weitgehend von einer intensiven gewerblichen und verkehrlichen Entwicklung verschont. Dadurch sind etliche Spuren der jahrhundertelangen Entwicklung noch heute vorhanden, wie auch das weitestgehend flächendeckende Wasserwegenetz. Dieses ist gekennzeichnet durch ein weitverzweigtes Netz von Gräben, dessen Hauptadern die Flüsse Hamme und Wümme sind, die sich in Ritterhude zur Lesum vereinigen, welche wiederum in die Weser (und somit schließlich in die Nordsee) mündet.

Bis in die Mitte des 19. Jahrhunderts war der Handel mit Torf die wichtigste Existenzgrundlage vieler Bewohner des Teufelsmoores. Die Transportschiffe, sogenannte Torfkähne, waren zwischen Mitte des 18. Jahrhunderts, dem Anfang der Moorkolonisation, und dem beginnenden 20. Jahrhundert die einzigen Verkehrsmittel im Teufelsmoor. Die Torfkähne glitten durch die vielen kleinen Wasserstraßen und prägten das Landschaftsbild. Die schwarzen Boote mit braunen Segeln, voll beladen mit Torfsoden, wurden aus Eichenholz gefertigt. Die braunen „Luggersegel" sind charakteristisch für den Torfkahn. Sie sind zwölf Quadratmeter groß und an den sechs Meter hohen Masten befestigt. Die Moorbauern waren meist alleine auf ihren Kähnen unterwegs und brauchten bis zu drei Tage von Worpswede nach Bremen. Wenn es mit dem Segeln oder Staken mit langen Stangen auf dem Wasser nicht mehr weiterging, mussten sie ihren Kahn oft vom Ufer aus mühselig ziehen, auch treideln genannt. Zweck der anstrengenden Reise war, den zuvor in harter Arbeit gestochenen und getrockneten Torf in Bremen oder an der Unterweser als Heizmaterial zu verkaufen. In Bremen gab es separate Häfen, die vorwiegend dem Umschlag des Torfes – aber auch anderer Produkte wie zum Beispiel Glas oder Bier – dienten. Teilweise sind heute noch Hafenbauten wie der Torfhafen in Osterholz-Scharmbeck oder der Torfhafen in Bremen-Findorff und Kanäle (Kuhgraben, Torfkanal, Kleine Wümme) vorhanden.

Es ist das Highlight im Landkreis Osterholz: die Fahrt mit einem der Torfkähne auf der Hamme.

NATUR UND TOURISMUS

Einige Orte in Bremen erinnern an alte Umschlagsplätze: Auf den Häfen, Am Dobben.

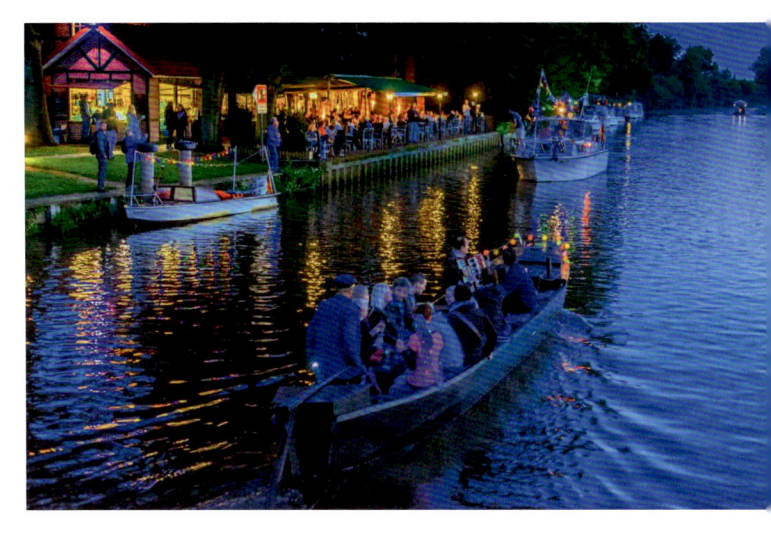

Heute befördern die originalgetreu nachgebauten, wegen ihres Fassungsvermögens sogenannten „Halb-Hunt-Kähne" keinen Torf mehr, sondern Ausflugsgäste auf den Spuren der alten Moorbauern und Torfschiffer (ein „Hunt" war das Torfkahnmaß und entsprach zwölf Körben Torf, was ungefähr zwölf Kubikmetern entspricht). Neben dem Skipper passen 16 Fahrgäste auf die Torfkähne. Wenn der Wind nicht ausreicht um zu segeln, helfen heute leise Motoren, zunehmend elektrisch betrieben, am Kahn nach. Die Saison beginnt im Mai und endet im Oktober; im Winter werden die Torfkähne meist in den ortsansässigen Werften überholt. Einige Museen in der Region zeigen, wie Torfkähne gebaut werden und wie damals der Torfabbau und -transport funktionierte (Torfschiffswerft-Museum in Schlußdorf, Museumsanlage Osterholz-Scharmbeck).

Einmal im Jahr, im August, ist die HammeNacht ein ganz besonderes Event mit Musik, leckeren Speisen und Getränken.

Während der Saison können Gäste die reizvolle Landschaft des Teufelsmoores und die Weite der Hammeniederung vom Wasser aus erleben. Die Ausflugsfahrten starten meistens ab Anleger Neu Helgoland in Worpswede, aber auch von anderen Häfen entlang der Hamme. Es werden sowohl regelmäßige Fahrten, Kombinationsfahrten mit Torfkahn und Moorexpress sowie Sonderfahrten zu bestimmten Themen angeboten. Gruppen können auch einen ganzen Torfkahn für ein oder mehrere Stunden chartern.

Es gibt zwei überregional bedeutsame Veranstaltungen, bei denen sämtliche Torfkähne aus der Region beteiligt sind:

Die HammeNacht bietet Besuchern einmal im Jahr, im August gegen Vollmond, die Gelegenheit, viel Abwechslung entlang der Hamme zu erleben. Ab dem späten Nachmittag bis nach Mitternacht sind 20 geschmückte und beleuchtete Torfkähne auf der Hamme unterwegs. Sie fahren nach einem eigens für den Abend konzipierten Fahrplan. Die unterschiedlichen Touren bieten ein oder zwei Zwischenstopps, um das abendliche Treiben von Land aus zu beobachten. Verschiedene Programme an den Anlegern laden zum Verweilen bei leckeren Speisen und Getränken ein. Auch wer nicht an einer Torfkahnfahrt teilnimmt, ist dort als Gast herzlich willkommen. Während der Fahrt sorgen die Skipper und Musiker an Bord für kurzweilige Unterhaltung. Die HammeNacht hat sich zu einem sehr beliebten Event etabliert, das jährlich Hunderte von Besuchern in den Landkreis Osterholz zieht.

Während der Torfkahnarmada, die seit 1999 alle drei Jahre an einem Wochenende im April stattfindet, ist ebenfalls die gesamte Torfkahnflotte im Einsatz. Für Besucher, die sich am Flussufer auf Beobachtungsposten begeben, bietet sich dabei ein prächtiger Anblick: Die geschmückten Torfkähne begeben sich mit in traditionellen Gewändern gehüllter Besatzung auf die historische Tagesreise vom Teufelsmoor nach Bremen. Die Fahrt endet im Torfhafen in Bremen-Findorff, wo die Flotte im Rahmen des Torfhafenfestes von vielen Besuchern gebührend empfangen wird. Am nächsten Morgen treten die Skipper und ihre Besatzung wieder die Heimreise ins Teufelsmoor an. ■

Thorsten Milenz und Antje Breden

Der Moorexpress – ein Symbol der Landschaft

Moorexpress im Winter: bringt Fahrgäste zu den schönsten Weihnachtsmärkten und besonderen Kulturevents in der Region

Vor einem Jahrhundert, etwa ab 1909, revolutionierte der Moorexpress die Fortbewegung durch das Teufelsmoor: War diese vorher nur per Torfkahn auf den Wasserwegen möglich, querte nun ein landgehendes Verkehrsmittel die Region. Dadurch ist der Zug – wie der Torfkahn mit seinen braunen Segeln – zu einem Symbol der Landschaft und ihrer Besiedlungsgeschichte geworden. Auch das Engagement des Worpsweder Künstlers Heinrich Vogeler bei der baulichen Gestaltung und Einrichtung der Bahnhöfe ließ den Moorexpress zu einer Legende werden. So zählt der 1910 eingeweihte Worpsweder Bahnhof zu einem Gebäude mit hohem kunsthistorischen Wert und somit zu den Kronjuwelen des Künstlerdorfes. Das restaurierte, teilweise noch mit Originalmöbeln eingerichtete Gebäude beherbergt heute ein Restaurant mit Café und Sommergarten, das viele Besucher von nah und fern anzieht.

1978 wurde der regelmäßige Personenverkehr mit dem Moorexpress eingestellt. Seit dem EXPO-Jahr 2000 rollt der Moorexpress wieder auf seiner traditionsreichen Strecke, einer der reizvollsten Bahnstrecken Norddeutschlands. Der Zug fährt zwischen Bremen, Osterholz-Scharmbeck, Worpswede, Gnarrenburg, Bremervörde und Stade. Heute klingt die Bezeichnung „Express" allerdings wie eine liebevolle Übertreibung. Doch als diese Bahnverbindung geschaffen wurde, galt der Torfkahn nun einmal als

Fortsetzung Seite 97 unten

NATUR UND TOURISMUS

Auf einen Blick

Leistungsspektrum:
- Fahrten auf der Strecke zwischen Bremen, Osterholz-Scharmbeck, Worpswede, Gnarrenburg, Bremervörde und Stade
- mehrmals täglich an Wochenenden und Feiertagen von Mai bis Oktober
- ein Zusatzwaggon bietet Platz für bis zu 25 Fahrräder (eine tolle Kombinationsmöglichkeit für Fahrradtouren)

www.moorexpress.de

Moorexpress mit Fahrradwagen

Der Moorexpress

Kultur und Landschaft erleben – mit dem Moorexpress unterwegs durch das Teufelsmoor. Früher wurden die Züge Moorexpress genannt, die von Bremervörde durch das Teufelsmoor über Worpswede nach Osterholz-Scharmbeck fuhren. Mit dieser Legende können Sie heute im Sommer zwischen Anfang Mai und Anfang Oktober an allen Wochenenden und Feiertagen von Bremen nach Stade und zurück reisen. Das sollten Sie sich nicht entgehen lassen. Nach heutigen Maßstäben ist er sicher kein „Express" mehr – er ist eben aus einer anderen Zeit. Dafür hilft er den Erholungsuchenden umso mehr beim „Entschleunigen". Während der Fahrt wird zudem eine Audioführung angeboten, u. a. mit Ausflugstipps und Geschichten aus dem Moor. Nehmen Sie sich die Zeit und fahren Sie mit!

Maßstab für Geschwindigkeit im Moor. Heute fährt die Bahn die Gesamtstrecke von 99 Kilometern in gemütlichen drei Stunden. Etwa 50 Jahre alte historische Triebwagen mit offenem Führerstand sorgen für Nostalgie. Natürlich muss man nicht die gesamte Strecke fahren, sondern kann auch eine Fahrkarte für Teilabschnitte lösen. Zahlreiche Ziele entlang der Strecke bieten vergnügliche Freizeitangebote. Von Mai bis Oktober fährt der Moorexpress am Wochenende sowie feiertags zu regelmäßigen Zeiten und bietet 90 Sitzplätze. Während der Fahrt wird im Zug eine Audioführung angeboten, bei der Geschichten über das Moor erzählt und Tipps für Ausflüge entlang der Strecke gegeben werden. Getränke und Snacks für zwischendurch sind ebenfalls erhältlich.

Der Moorexpress führt einen extra Waggon für bis zu 25 Fahrräder mit und bietet somit die ideale Voraussetzung, auch Touren in die weitere Umgebung im Land zwischen Elbe und Weser zu unternehmen.

In den Wintermonaten werden begleitete Sonderfahrten mit Rahmenprogramm angeboten. Die reizvolle Fahrt durch die Winterlandschaft führt durch die Landkreise Osterholz, Rotenburg (Wümme) und Stade und bringt Fahrgäste zu den schönsten Weihnachtsmärkten in der Region. Außerdem werden Fahrten mit kulinarischem und kulturellem Hintergrund angeboten.

Thorsten Milenz und Antje Breden

Ausflugslokale und kulinarische Genüsse

Beliebte Ausflugslokale und Traditionsgaststätten an der Hamme (hier: Tietjens Hütte) bieten schöne Stunden zu zweit, mit Familie oder Freunden und einen tollen Blick auf vorbeiziehende Torfkähne und Wassersportler.

„Eten un Drinken höllt Liev un Seel tohop" – Essen und Trinken hält Leib und Seele zusammen. Und zugegeben, was gibt es Schöneres, als nach einem ausgedehnten Spaziergang oder einer langen Radtour einzukehren und sich mit leckerem Essen und erfrischenden Getränken verwöhnen zu lassen? Ein Besuch der Cafés und Restaurants rundet einen Aufenthalt im Landkreis Osterholz erst richtig ab. Traditionsgaststätten an der Hamme wie Tietjens Hütte oder Neu Helgoland locken mit leckeren regionalen und überregionalen Spezialitäten beim Blick auf vorbeiziehende Torfkähne und Wassersportler. Entlang des Wümmedeiches gibt es einige wunderschön gelegene Lokale mit Gartenplätzen, von denen aus man das bunte Treiben auf den Deichen oder auch auf der Wümme beobachten kann. Aber auch ein abwechslungsreiches Angebot an Häusern mit internationaler Küche und mit herausragenden innovativen kulinarischen Angeboten ist im Landkreis Osterholz zu finden.

In den Wintermonaten zieht es viele Grünkohlfreunde auf die Deiche und Moorpflasterstraßen und anschließend in eines der Traditionshäuser, um dort nach ausgiebigem Schlemmen das Tanzbein zu schwingen. Ebenfalls aus der deftigen Kategorie stammend, erfreuen sich Knipp mit Bratkartoffeln und Gewürzgurken und Räucherfisch großer Beliebtheit. Auch Tradition haben in der Region Gerichte rund um den Buchweizen, plattdeutsch „Bookweeten": Dieses „Pseudogetreide" war zur Zeit der Moorkolonisation das einzige Gewächs, das im abgetragenen, dann abgebrannten und unfrucht-

NATUR UND TOURISMUS

baren Moorboden eingesät und später geerntet werden konnte. Damals diente es vielen Moorbauern und Torfschiffern als überlebenswichtiges Nahrungsmittel, meistens als Buchweizenpfannkuchen verarbeitet. Auch heute noch stehen Buchweizenpfannkuchen mit Speck und/oder Preiselbeeren hoch im Kurs, und auf der Nachmittagskarte darf natürlich die leckere Buchweizentorte zum Kaffee nicht fehlen!

Wer nur eine kurze Pause bei einer gesunden, kleinen Stärkung einlegen möchte, ist in einem der Melkhüs' im Landkreis Osterholz gut aufgehoben! Die kleinen grünen Holzhäuschen werden von den Landfrauen betrieben und bieten abwechslungsreiche und gesunde Erfrischungen aus Milch für zwischendurch. Das Angebot ist in jedem der vier Melkhüs' etwas anders und reicht von Milchshakes, Quarkspeisen und Joghurt bis zu heißem Milchkaffee und Torte. Die Landfrauen lassen sich immer wieder neue Köstlichkeiten einfallen, die aus Milch der hiesigen Landwirtschaft stammen. An einigen „Milch-Tankstellen" gibt der persönliche Kontakt zu den Betreiberinnen die Möglichkeit, viel Interessantes über die Landwirtschaft im Landkreis Osterholz zu erfahren.

Zu guter Letzt seien noch die vielen Feste und Märkte erwähnt, die das Jahr ausschmücken und lebenswert machen. Maimärkte, die PUBLICA-Messe, Erntefeste, Kürbisfeste, Weihnachtsmärkte: Überall wird eine breite Palette von regionalen Köstlichkeiten angeboten, auf die es sich zu freuen lohnt. ∎

Ein Melkhus bietet abwechslungsreiche und gesunde Erfrischungen für zwischendurch – natürlich aus Milch.

Thorsten Milenz und Antje Breden

Konzerte und Veranstaltungen

Im Landkreis Osterholz sorgen viele Veranstaltungen für vergnügliche Unterhaltung. Jährlich stattfindende Highlights wie Feste und Märkte sind Besuchermagnete. Bei spannenden Sportveranstaltungen können die eigenen Favoriten angefeuert werden. Auch der Weg in das nächste Kulturzentrum oder Veranstaltungszentrum ist nicht weit. Überall können hochkarätiges Entertainment erwartet, Stars bewundert und Newcomer auf ihrem Weg zum Ruhm begleitet werden. Die Bandbreite der angebotenen Events reicht von Stadt-, Ernte- und Schützenfesten bis zu sportlichen Wettbewerben und Turnieren. Nicht nur in Worpswede warten Ausstellungen, Lesungen, Theatervorstellungen und Vorträge auf interessierte Besucher. Hinzu kommen Kino, Konzerte, Partys, Comedy und Musicals.

So vielfältig wie die Events im Landkreis Osterholz sind auch die Spielstätten. Die Veranstaltungszentren, Bühnen, Museen, Kulturzentren, Kirchen und weitere Häuser bereiten mit ihrem vielseitigen Programm der Kultur ein Forum. Viele Veranstaltungsorte bieten aber nicht nur ein vorbereitetes Programm, sondern sind mit ihren Räumlichkeiten und ihrem Serviceangebot auf Tagungen, Seminare oder Familienfeiern spezialisiert. Als Beispiel hierfür kann die Stadthalle Osterholz-Scharmbeck genannt werden: Seit 2005 zieht deren abwechslungsreiches Programm jährlich Zehntausende Besucher an. Künstler aus den Bereichen Comedy, Entertainment und Theater lassen kein Auge trocken. Die Auswahl an musikalischen Acts ist ebenfalls groß und reicht von Rock und Pop über Schlager, a capella und Blasmusik bis zur Klassik. Auch Tanzveranstaltungen, Bälle und Partys werden hier rauschend gefeiert. Ein besonderes Ereignis ist jedes Jahr die PUBLICA, die größte Verbrauchermesse für Haus und Freizeit im Elbe-Weser-Dreieck, die auf dem großen Messegelände in und außerhalb der Stadthalle stattfindet.

links: Verbrauchermesse und Kreisgewerbeschau PUBLICA;
rechts: die moderne Stadthalle in Osterholz-Scharmbeck

NATUR UND TOURISMUS

In Ritterhude liegt eingebettet in die Landschaft, direkt an der Hamme, das moderne Veranstaltungszentrum „Hamme Forum". Es bietet einen großen und drei kleinere Säle sowie ein Kino und ist, abgerundet durch eine moderne technische Ausstattung, multifunktional nutzbar. Das Hamme Forum bietet jedes Jahr ein eigenes, sehr abwechslungsreiches Programm mit Künstlern aus verschiedenen Sparten an. Immer beliebter werden die im Winter zu mehreren Terminen stattfindenden Kohlpartys. Highlight ist jedes Jahr im Sommer die „Torfnacht", ein Open Air mit internationalen Musikstars, bei dem bis spät in die Nacht die Bühne bebt. Das Hamme Forum ist neben den Eigenveranstaltungen aber auch spezialisiert auf Tagungen und private Feiern oder Firmenveranstaltungen und bietet dazu maßgeschneiderte Individuallösungen an.

Die Music Hall Worpswede gilt als Perle unter den nationalen und internationalen Clubs. Die Künstler werden hier besonders herzlich und persönlich vom Team der Music Hall betreut und kommen deshalb gerne immer wieder. Innerhalb weniger Jahre hat sich die Music Hall Worpswede zu einem nicht kommerziellen Kulturbetrieb gemausert, der inzwischen bundes- und sogar weltweit auf sich aufmerksam macht. Stars treten im ehemaligen Dorfsaal auf – Musiker der Extraklasse geben sich die Klinke in die Hand. Torfrock, Heinz Rudolf Kunze, Klaus Doldinger, Nazareth, MerQury oder Dieter Hildebrandt sind nur ein kleiner Auszug aus der Liste der Acts, die die Music Hall zu bieten hat oder hatte.

Das GartenKultur-Musikfestival ist ein erfolgreiches Kooperationsprojekt. Kulturveranstalter, Vereine, private Gartenbesitzer und kommunale Institutionen arbeiten unter dem Dach des Kommunalverbundes Niedersachsen/Bremen e. V. zusammen, um den Besuchern ein Festival für alle Sinne zu bieten. Konzertliebhaber erwartet jedes Jahr ein vielfältiges Programm – Pop, Klassik, Jazz und Folk, Blues und Oper stehen zur Auswahl. Neben dem musikalischen Aspekt gibt es Gartenführungen, Kunstobjekte und vieles mehr zu erleben. Im Landkreis Osterholz findet in Osterholz-Scharmbeck im Rahmen des GartenKultur-Musikfestivals das „Gut Sandbeck Open Air" statt. Der Garten des Ritterguts Meyenburg, die Lübberstedter Mühle und die Museumsanlage in Hambergen-Ströhe sind ebenfalls Kulisse für musikalische Genüsse.

Die Music Hall in Worpswede ist aus der Kulturlandschaft im Landkreis nicht mehr wegzudenken.

Verzeichnis der PR-Bildbeiträge

Die nachstehenden Firmen, Verwaltungen und Verbände haben mit ihren Public-Relations-Beiträgen das Zustandekommen dieses Buches in dankenswerter Weise gefördert.

Abfall-Service Osterholz GmbH (A.S.O.),
   Osterholz-Scharmbeck 41
   www.aso-ohz.de / info@aso-ohz.de

Arbeiterwohlfahrt Kreisverband Osterholz e. V.,
   Osterholz-Scharmbeck 66
   www.awo-kv-osterholz.de / info@awo-kv-osterholz.de

Arnholz Industrie Lackierungen GmbH, Oyten 44, 45
   www.arnholz-lackierungen.de / info@arnholz-lackierungen.de

Arnholz PKW-Lackierungen GmbH, Oyten 44, 45
   www.arnholz.de / mail@arnholz.de

Autohaus Geffken GmbH, Lilienthal 46
   www.autohaus-geffken.de / info@autohaus-geffken.de

Bedachungsgesellschaft Haarde GmbH & Co. KG,
   Ritterhude 50
   www.haarde-dachdecker.de / info@haarde-dachdecker.de

BKE Jens Fislage Büro- und Kommunikations-
   einrichtungen, Ritterhude 51
   www.bkefislage.de / info@bke-fislage.de

Blome Elektrik GmbH, J., Osterholz-Scharmbeck 50
   www.blomeelektrik.de / info@blomeelektrik.de

Eisenbahnen und Verkehrsbetriebe Elbe-Weser GmbH,
   Bremervörde 97
   www.evb-elbe-weser.de / info@evb-elbe-weser.de

Evangelisch-lutherischer Kirchenkreis Osterholz-
   Scharmbeck 65
   www.kirchenkreis-osterholz.de
   sup.osterholz-scharmbeck@evlka.de

EWE AG, Oldenburg; EWE VERTRIEB GmbH,
   Geschäftsregion Cuxhaven/Delmenhorst 58
   www.ewe.de / info@ewe.de

FAUN Umwelttechnik GmbH & Co. KG, Osterholz-
   Scharmbeck 33
   www.faun.com / info@faun.com

Hansa Tec Hebe- und Zurrtechnik GmbH, Osterholz-
   Scharmbeck 37
   www.hansatec.de / info@hansatec.de

Haus Dirschauer GmbH, Osterholz-Scharmbeck 69
   www.haus-dirschauer.de / hausdirschauer@ewetel.net

Hollenbeck Getränkegroßhandel GmbH, Osterholz-
   Scharmbeck 51
   www.hollenbeck-getraenke.de
   info@hollenbeck-getraenke.de

Hotel Buchenhof GmbH, Worpswede 78
   www.hotel-buchenhof.de / info@hotel-buchenhof.de

Hotel Worpsweder Tor, Worpswede 78
   www.worpsweder-tor.de / info@worpsweder-tor.de

HZ Heidemann Tankschutz GmbH, Bremen 44, 45
   www.heidemann-tankschutz.de
   info@heidemann-tankschutz.de

Katholische Kirchengemeinde „Heilige Familie",
   Osterholz-Scharmbeck 66
   www.heilige-familie-ohz.de / pfarramt@heilige-familie-ohz.de
   www.sanktmarienzentrum.de / info@sanktmarienzentrum.de
   www.bistum-hildesheim.de / info@bistum-hildesheim.de
   www.kmba.militaerseelsorge.bundeswehr.de
   kathmilpfarramtosterholzscharmbeck@bundeswehr.org
   www.caritas-bremen-nord.de / info@caritas-bremen-nord.de

Klinik Lilienthal GmbH, Lilienthal 73
   www.klinik-lilienthal.de / info@klinik-lilienthal.de

Kreiskrankenhaus Osterholz, Osterholz-Scharmbeck 71
   www.kreiskrankenhaus-osterholz.de / info@kkohz.de

REGISTER

Kreissparkasse Osterholz, Osterholz-Scharmbeck 15
www.kreissparkasse-osterholz.de
ksk@kreissparkasse-osterholz.de

Landkreis Osterholz – Energiewende 2030,
Wirtschaftsförderung, Osterholz-Scharmbeck 57
www.energiewende-osterholz.de / www.landkreis-osterholz.de
wirtschaft@landkreis-osterholz.de

LANDMANN GmbH & Co. Handels-KG, Osterholz-
Scharmbeck 48
www.landmann.com / ohz@landmann-peiga.de

Möbelhaus Käthe MEYERHOFF GmbH, Osterholz-
Scharmbeck 39
www.moebel-meyerhoff.de
servicecenterverkauf@moebel-meyerhoff.de

Moorexpress der Eisenbahnen und Verkehrsbetriebe
Elbe-Weser GmbH, Bremervörde 97
www.moorexpress.de / info@evb-elbe-weser.de

NETZ-Zentrum für innovative Technologie Osterholz
GmbH, Osterholz-Scharmbeck 53
www.netz-ohz.de / info@netz-ohz.de

Osterholzer Stadtwerke GmbH & Co. KG, Osterholz-
Scharmbeck 59
www.osterholzer-stadtwerke.de
info@osterholzer-stadtwerke.de

POLIBOY Brandt & Walther GmbH, Lilienthal 32
www.poliboy.de / info@poliboy.de

ProEntsorga Beratungs- und Entsorgungs GmbH,
Hambergen 42–45
www.proentsorga.de / m.zakaria@proentsorga.de

RITAG Ritterhuder Armaturen GmbH & Co.
Armaturenwerk KG, Osterholz-Scharmbeck 34, 35
www.ritag.com / contact@ritag.com

Schorfmann GmbH & Co. KG, Fritz, Grasberg 40
www.schorfmann.de / info@schorfmann.de

Schrage GmbH, Osterholz-Scharmbeck 36
www.schrage-gmbh.de / info@schrage-gmbh.de

Stehnke Bauunternehmung GmbH & Co. KG, Gottfried,
Osterholz-Scharmbeck 31
www.stehnke.de / info@stehnke.de

Volksbank eG, Niederlassung Osterholz-Scharmbeck 16
www.vbohz.de / info@vbohz.de

Wasser- und Abwasserverband Osterholz (WAV),
Schwanewede 47
www.wav-osterholz.de / info@wav-osterholz.de

Zeisner Feinkost GmbH & Co. KG, Grasberg 49
www.zeisner.de / zeisner@zeisner.de

Bildquellen

Sky View Imaging/Matthias Ulrichs, Bremen: S. 3 u., 4 o., 15, 16 o., 31 u., 32, 33, 35 u., 36, 39–48, 50, 51, 53, 65 li., 66 o. (Bearbeitung), 66 u., 69, 78.

Archiv (Werkaufnahmen): S. 31 o. 37, 49 u., 58, 59, 73 o., 97.

Isabella Adam, Bremen: Einband vorne: oben/3. v. li.; Maren Arndt, Osterholz-Scharmbeck: S. 10, 11, 61 li., 95, 96; Barkenhoff-Stiftung Worpswede: S. 74; Thomas Beiße, Bremen: S. 98; Bildungsstätte Bredbeck: S. 61 re.; Oliver Breitwieser, Hamburg: S. 73 u.; Heiko Butz/Fotolia.com: S. 4 u.; Fritz Dressler, Worpswede: S. 3 o., 7; Erwin Duwe, Lilienthal: S. 17; Fotoetage/Nicolai Wolff, Bremen: S. 71; Fotolia: S. 57 o.; Jens Frommann/jfw-fotografie, Bremen: S. 34, 35 o.; Gemeinde Ritterhude: S. 19 u.; Gemeinde Schwanewede: S. 85; Gert Glaser, Osterholz-Scharmbeck: S. 65 re.; Dorit Jähme, Schwanewede: S. 20; Kreisarchiv Osterholz/Jürgen Meyer-Korte, Torfkahn ohne Fracht auf der Rückfahrt von Bremen nach Worpswede, 1950: S. 25; Kreisarchiv Osterholz/Postkarte, 1900: S. 3 Mitte, 29; Kreisarchiv Osterholz/Rudolf Dodenhoff, Torfabbau im Teufelsmoor, 1948: S. 23; Torsten Krüger, Bremen: Einband vorne: unten/2. v. li., S. 27, 88; Kulturstiftung Landkreis Osterholz, Worpswede, Heinrich Vogeler, Sommerabend (Das Konzert), 1905, Bundesrepublik Deutschland, Land Niedersachsen: S. 75 o.; Klaus Lampe: Einband vorne: unten/re., S. 79 u. re.; Landkreis Osterholz: S. 55, 62, 63, 67, 87, 104; Klaus Laumann, Osterholz-Scharmbeck: Einband vorne: oben/1. v. li., Einband hinten, S. 89 o., 92, 93; Hans-Joachim Leue, Hambergen: S. 19 o.; Marcus Lorenczat: S. 26; Rüdiger Lubricht, Worpswede: Einband vorne: oben/2. v. li., S. 77 u., 79 o. li. und re., 80, 81, 83; Bruno Müller, Osterholz-Scharmbeck: S. 66 o.; Music Hall Worpswede: S. 101; pixel-kraft GmbH, Bremervörde: S. 16 u.; Frank Pusch, Bremen: S. 49 o.; Dan Race/Fotolia.com: S. 72; Petra Reiter/LogSBw: S. 13; Jens Rufenach: S. 9, 14; Volker Schneller, Worpswede: S. 24, 89 u.; Stadtmarketing Osterholz-Scharmbeck: S. 100; Anja Steffen, Langwedel: Einband vorne: oben/re., S. 5 o., 18, 57 u., 77 o., 79 u. li., 84, 94; Focke Strangmann/Worpsweder Museumsverbund: Einband vorne: unten/1. v. li., S. 75 u., 82; Touristikagentur TWU: S. 5 u., 90, 91, 99; Worpsweder Touristik- und Kulturmarketing GmbH: S. 21.